위기 속 기회를 만드는
부동산 투자의 기술

경제적 자유를 꿈꾸는 2030 투자 전략

위기 속 기회를 만드는

부동산 투자의 기술

윤재혁 지음

매일경제신문사

들어가며
나를 가난에서 벗어나게 해준 선물

    2020년 전 세계를 충격에 빠트린 코로나바이러스 대유행이 시작되고, 이를 극복하기 위한 각국의 노력은 지금까지 경험해보지 못한 사회를 만들었습니다. 전 세계 중앙은행의 유동성 공급으로 인해 화폐가치가 하락하고 상대적으로 자산의 가치가 상승했습니다. 주식과 가상화폐는 물론이고, 명품 시계인 '롤렉스'의 가격조차 천정부지로 솟았습니다. 그중 가장 사람들의 마음을 아프게 한 것은 부동산의 급격한 상승이었습니다. 기존 부동산 보유자들은 자신들이 소유한 아파트나 건물의 가격이 급격히 상승해 더 부자가 됐고, 부동산을 가지고 있지 않은 대다수의 평범한 사람들은 이른바 '벼락거지'가 됐습니다. 하지만 진짜 문제가 된 것은, 버블이 꺼지고 빚을 얻어 무리하게 부동산 시장에 막차를 탄 영끌족입니다.

    유동성 공급이 줄어들고 금리가 상승하면서 자산의 가치는 급격히 하락하고 있습니다. 최악의 부동산 침체, 건설사 PF 위기 등의 뉴스들은 부동산이 끝난 것처럼 말하고 있습니다. 정말일까요?

    반은 맞고 반은 틀린 이야기입니다. 부동산 시장이 몇 년 전에 비해서는 하락하고 있습니다. 과거 경제 호황기에 건설사들이 '영끌'해서 시공을 계획한 아파트와 건물들이 자잿값 상승과 인건비 상승, 건설 경기 침체 등의 이유로 무산되거나 보류됐고, 심지어 경매 시장에 경매 물건으로 나오고 있는 상황입니다.

그렇다면 이러한 위기는 평생 지속되는 것일까요? 과거 대공황과 오일쇼크, 1997년 IMF 금융 위기와 2007년 서브프라임 모기지 사태, 2016년 브렉시트 증시 폭락 사태 등 오늘날과 같은 경제 위기는 셀 수 없을 만큼 많았습니다. 하지만 언제나 그랬듯 경기는 살아났습니다. 경제는 어려움을 극복함으로써 성장합니다.

오늘날 부자가 된 사람들 역시 위기를 극복함으로써 부자가 됐습니다. 한 번쯤 IMF 금융 위기 상황에서 저점에 주식과 부동산을 매입해 큰 차익을 본 사람들의 이야기를 들어본 적이 있을 것입니다. 모두 다 '아니'라고 할 때, 그들은 용기를 냈습니다. 용기의 대가는 아주 달콤했죠. 우리는 모두 부자가 되는 방법을 알지만, 행동하지 않습니다. 부동산은 위기에 사야 합니다. 부동산은 싸게 사야 합니다. 경제 위기를 위기가 아닌 기회로 생각해 자산을 매입해야 할 시기로 생각해야 합니다.

저는 어렸을 때부터 부자를 꿈꿨습니다. 돈이 없어서 원하는 것을 하지 못하는 가난이 미웠습니다. 돈을 벌기 위해 새벽에는 동대문 시장에, 점심에는 택배 집하장에, 그리고 저녁에는 반지하 사무실에서 인터넷 쇼핑몰을 운영했습니다. 20대를 오직 돈, 돈에 목숨을 걸었습니다. 제 간절한 소망이 우주에 닿았을까요? 인터넷 쇼핑몰의 매출액이 억 단위를 넘었고, 카페를 차리게 되고, 부동산에 투자하게 됐습니다. 눈물 나는 가난에서 벗어났지만, 동업의 실패, 직원의 횡령과 배신으로 마음을 다치는 일도 많았습니다. 하지만 저를 배신하지 않은 것은 부동산이었습니다. 노력한 대로 성과가 나오고, 공부할수록 답이 보이는 부동산을 통해 경제적 자유를 이룰 수 있었습니다. 돈은 더 이상 저를 섭섭하게 하지 않습니다. 이제 섭섭함을 돈이 달래 줍니다.

이 책은 독자 여러분들로 하여금 현 부동산 상황을 위기가 아닌 새로운 기회로 인식하게 하고, 부동산의 흐름을 설명하는 동시에 어떻게 하면 현명하게 투자할 수 있는지, 어떤 부동산을 사야 성공적인 투자를 할 수 있는지 알기 쉽게 썼습니다. 특히 진입 장벽이 높다고 생각하는 토지 투자와 부동산 경매에 대한 시각을 바꾸고자 복잡한 권리분석이 아닌, 경험에서 나온 실전 투자 방법을 알려줘 '싸게' 살 수 있는 것에 초점을 맞췄습니다.

부동산 투자의 핵심은 이론을 열심히 공부해서 박사가 되는 것이 아닙니다. 실제로 투자해 성과를 내고 '부동산 투자는 별것 아니다'라는 경험을 쌓는 게 중요합니다. 투자의 생각을 행동으로 옮겨 실행한다면 부의 추월차선에 탑승할 것이라고 확신합니다. 독자 여러분들과 함께 정상에서 뵙기를 희망합니다.

윤재혁

CONTENTS

Part 1
부자가 되는 마인드, 빈자가 되는 마인드

Part 2
투자가 어려운 당신에게, 부동산이란 무엇인가?

Part 3
오르는 부동산, 내리는 부동산

CONTENTS

Part 4
무조건 싸게 사라. 경매, 공매, 그리고 급매

Part 5
실전 부동산 투자. 어떻게 사야 할까?

Part 6
인구 소멸과 대한민국 부동산의 미래

Part 1

부자가 되는 마인드,
빈자가 되는 마인드

안된다, 못한다는
생각을 버려라!

"사람들은 저지르고 난 뒤에 후회하는 것보다 하고 싶었던 일을 못한 것에 대해 더 후회한다."

약 2000년이 지난 지금도 삶의 지혜를 얻게 해주는 유대인의 경전 '탈무드' 속 한 글귀입니다. 인간은 후회의 동물이라고 하지요. 우리는 일생을 살면서 수많은 후회를 하고 지나간 과거를 아쉬워합니다. 하지만 우리의 가장 젊은 날은 바로 지금, 현재입니다. 마음속 깊이 원하는 것을 할 수 있는 시기는 현재뿐입니다. 이 책을 펼친 독자분들은 부동산에 투자해서 경제적 자유를 이루거나 보다 나은 삶을 꿈꾸고 있다고 생각합니다. 그 간절한 꿈을 이루기 위해 도전하고 나아가는 것이 아무것도 하지 않는 것보다 후회를 줄일 수 있습니다.

부자가 되는 사람과 부자가 되지 못하는 사람의 차이가 무엇인지 아시나요? 사회적, 경제적으로 성공을 거둔 사람들과 대화를 해보면 공통으로 하는 말이 있습니다. "왜 못해?"입니다. 부자들은 절대로 부정적으로 생각하는 법이 없습니다. '이것은 정말 어렵지 않을까?' 하는 문제도 부자들은 포기하지 않고 일단 해봅니다. 해보고 정말 안되면, 다른 방법을 사용해서 한 번 더 해봅니다. 문제를 놓아주지 않고 끈질기게 풀어내려고 노력합니다. 그리고 그들은 결국 해냅니다.

부자들은 긍정주의를 넘어 낙관주의자들처럼 보입니다. 그들의 사고방식에서는 모든 일은 다 잘될 것이라는 생각뿐입니다. 어째서 부자들은 매사 긍정적으로 사고하는 것일까요?

수많은 연구에서 긍정적인 사람과 부정적인 사람의 뇌 움직임이 다르다는 결과가 나오고 있습니다. 뇌 과학에서는 긍정적인 사람은 늘 긍정적인 사고를 하고, 부정적인 사람은 늘 부정적인 사고를 한다고 합니다. 마치 습관 같은 것이죠.

캘리포니아 주립대학 교수이자 뇌 과학 연구소의 설립자인 로레타 브루닝(Loretta Breuning)은 "긍정적인 기대를 하면 목표 달성을 위한 일에 힘을 더 쏟게 되고, 반면에 부정적인 기대를 하면 달성하고자 하는 일에 힘을 쏟지 않는다. 당신의 뇌는 보상이 없는 것을 추구하지 않는다"라고 말했습니다. 즉 우리의 뇌는 긍정적인 사고를 하면 할수록, 보상을 주고 싶게끔 설계됐습니다. 뇌가 어떻게든 방법을 찾아준다는 것입니다. 이와 달리 부정적인 사고를 하면 스트레스 호르몬인 코르티솔의 분비가 끊임없이 증가되면서 부정적인 사고가 더욱더 강화됩니다. 안된다는 생각이 굳어지는 것이죠.

뉴스나 유튜브 같은 미디어에서는 개천에서 용 나는 시대는 끝났다고 말합니다. 더 이상 이 사회에서 부자가 될 수 없다고 쏟아냅니다. 하지만 부자가 되지 못하게 만드는 것은 이 사회가 아니라 우리 자신입니다. 부자가 될 수 없다는 부정적인 사고를 지속적으로 한다면, 절대로 부자가 될 수 없습니다. 당장 유튜브를 끄고 부정적인 사고방식을 버리세요. 그리고 본인의 일에 집중하고, 끈질기게 노력하면서 할 수 있다고 생각하세요. '나는 부자가 될 것이다'라고 되새기며 주어진 삶에 최선을 다한다면, 당신은 분명 부자가 되어 있을 것입니다.

아직도 부자가 되지 못하리라 생각하시나요?

작은 것부터 소중하게, 시드머니 만들기

투자를 시작하면서 많이들 하는 고민이 바로 시드머니입니다. 씨앗이라는 의미의 시드(Seed)와 돈(Money)의 합성어인 시드머니는 씨앗이 되는 돈, 즉 종잣돈을 의미합니다.

우리는 저축의 중요성을 어렸을 때부터 배웠습니다. 저도 어린 시절 돼지 저금통에 코 묻은 돈 100원, 500원을 넣고, 무거워진 돼지 저금통을 들고 은행에 갔던 기억이 납니다. 하지만 성인이 되고 사회생활을 하면서부터, 작은 돈을 점점 우습게 알기 시작한 것 같아요. 큰돈이 아니라는 이유로 혹은 오늘 작은 행복을 위한다는 이유 등으로 작은 돈을 소중하게 생각하지 않았습니다.

하지만 시드머니를 모으기 위해서는 작은 돈부터 모아야 합니다. 절대 목돈을 한 번에 만들 수는 없습니다. 출근 시간에 늦잠 자서 지출한 택시비, 기분 전환을 위해 마시는 커피 한 잔, 고생한 나를 위한 스몰 럭셔리(small luxury) 등 사소한 소비가 당신이 부자가 되는 것을 막는 장애물입니다. 지금 당장 나를 행복하게 만들어주는 것들이 10년 후 나를 여전히 행복하게 만들어줄까요?

　단순히 돈을 쓰지 말고 모으기만 하라는 말이 아닙니다. 잘 생각해보세요. 내가 오늘 하루 동안 쓴 돈 중에 정말 써야만 했던 지출은 무엇인지. 쓸 수밖에 없는 사정이 정말 있었는지를요. 하루에 택시비 2만 원만 아끼면 1년이면 730만 원을 모을 수 있습니다. 1년 반만 고생해도 누구나 1,000만 원을 모을 수 있습니다. 어려운가요?

　시드머니, 즉 종잣돈이 있어야 투자 기회를 잡을 수 있습니다. 우리는 전문가들이 유튜브와 블로그 등으로 본인의 생각과 의견을 대중에게 공유하는 시대 속에서 살고 있습니다. 조금만 노력해도 어떤 부동산이 오를지, 어떤 주식이 유망한지 알 수 있을 정도로 정보의 홍수 속에서 살고 있습니다. 정보를 선별해서 '진짜'를 찾는 일도 중요하지만, 더 중요한 것은 마음에 드는 투자처에 베팅할 수 있는 돈이 있어야 한다는 사실입니다.

　"내가 돈만 있었어도 ○○을 사서 부자가 됐을 텐데"라는 말은 이제 그만해야 합니다. 당신은 돈이 없었던 것이 아닙니다. 있는 돈을 흥청망청 써서 없어진 것이죠.

　인간의 마음은 간사해서 돈이 없을 때는 돈을 좇으며 저축을 생각하고 소비를 아까워하지만, 막상 돈이 생겼을 때는 이때다 싶어서 보복 소비를 하기 시작합니다. 월급날 전까지는 사고 싶은 것을 꾹 참고 외식도 줄이고 잘 살아왔으면서, 월급날에는 월급 받은 기념으로 외식하고, 백화점에 가고, 장바구니에 담아 놨던 물건을 주문합니다. 그리고 다람쥐

쳇바퀴 돌듯이 평생을 반복하죠.

　부자는 절대 하루아침에 되지 않습니다. 부자들도 시드머니를 모으는 과정을 겪었습니다. 힘들고 지루한 시간을 버티면 달콤한 열매를 수확할 수 있습니다. 투자의 시작은 이 시드머니를 만드는 것부터 시작된다는 것을 명심하세요.

맨해튼을 24달러에 판 인디언

자료 1-1. 맨해튼 전경

출처 : Pixabay

　지금으로부터 약 400년 전인 1626년, 뉴욕 맨해튼에 살던 인디언들은 네덜란드 이민자들에게 24달러 상당의 구슬과 장신구를 받고 그들의 땅인 맨해튼을 팔았습니다. 지금의 맨해튼의 가치를 봤을 때, 인디언들이 사기를 당한 것이 아닌가 싶을 정도로 네덜란드인들은 헐값에 맨해튼을 사들였습니다.

　월가의 영웅이라고 불리는 피터 린치(Peter Lynch)는 인디언과의 거래를 놓고 '복리'의 중요성에 대해 역설했습니다. 린치는 인디언이 판매 대금으로 받은 24달러를 연 8%의 복리로 투자를 했다면, 30조 달러가 됐을 것이라고 말합니다. 인디언들이 복리의 법칙을 활용해서 지속적인 투자를 이어 나갔다면, 원화 약 4경 1,000조 원 상당의 수익을 얻었을 것입니다. 대한민국 부동산 시가총액이 1경 4,710조 원(2022년 말 기준)이라는 것을 감안할 때 복리의 힘은 어마어마하다는 것을 알 수 있습니다.

작은 돈이라도 복리의 힘을 받으면 무시할 수 없을 만큼 큰돈이 됩니다. 돈을 아끼고 차곡차곡 모아 시드머니를 만드는 것이 투자의 시작입니다. 왜 시드머니를 모아야 하는지 아시겠나요?

투자의 원칙 세우기

혹시 주식 투자를 해본 적이 있으신가요? 자본주의의 꽃이라고 불리는 유가 증권은 회사의 의사 결정에 영향을 미치고, 경영권을 행사할 수 있는 일종의 권리입니다. 하지만 이 책을 읽는 독자 여러분들 중 대다수는 경영권에는 크게 관심이 없을 것입니다. 배당을 받거나 시세 차익을 얻는 등 돈을 벌기 위해 주식 투자를 하기 때문이죠. 물론 종종 주식 투자를 하는 저 역시도 그저 돈을 벌기 위해서만 주식을 사고팝니다.

모든 투자자들은 자신만의 원칙이 있습니다. 예컨대 포트폴리오를 구성해서 분산 투자하기, 무릎에서 사서 어깨에서 팔기, -10%의 손실이라면 기계적으로 손절매하기 등이 있겠지요. 하지만 이런 투자의 원칙을 지키는 사람이 몇이나 될까요? 정말 멘탈이 센 투자자가 아닌 이상 원칙을 지키기 어렵고, 결국 '뇌동 매매(줏대 없이 남의 의견을 따라 물건을 사고팖)'를 하게 됩니다.

전통적인 경제학은 '모든 인간은 합리적으로 행동한다'를 전제로 발전해왔습니다. 국부론의 저자인 애덤 스미스(Adam Smith)를 시작으로 알프레드 마샬(Alfred Marshall), 존 메이너드 케인스(John Maynard Keynes) 등으로 이어지는 주류 경제학의 '이성을 가진 인간은 합리적인 결정을 내리고, 마켓(Market)은 효율적으로 가격을 결정한다'라는 명제는 영원히 깨지지 않을 것처럼 보였습니다.

하지만 행동 경제학*이라 불리는 행동주의 심리학이 발전하면서 인간의 합리성에 대한 믿음이 깨지기 시작했습니다. 허버트 사이먼(Herbert Alexander Simon)은 "인간은 합리적 존재가 아니라 합리적이려고 노력하는 존재다"라고 말하면서 인간은 종종 비합리적 결정을 내린다고 주장했습니다. 그는 1978년에 노벨 경제학상을 받았고, 결국 행동 경제학은 1990년대 이후 주류 경제학으로 편입됐습니다.

주식 시장은 인간의 비합리성을 극대화해 보여주는 곳인데 투자자는 자신의 분석, 예측과 같은 합리적 판단보다, 순간적인 감정이나 불안함과 같은 심리적인 요인에 더 동요되기 쉽습니다.

인간은 기본적으로 이익이 예상될 때에는 위험을 감수하지 않고 안전한 쪽을 선택하지만, 손실이 예상될 때에는 손실을 피하기 위해 위험을 무릅씁니다. 이를 '전망 이론'이라고 하는데, 이러한 인간의 비합리적인 태도로 인해 우리는 늘 적게 벌고 크게 잃는 것입니다.

부동산 투자에 성공하기 위해서는 딱 2가지 원칙만 지키면 됩니다.

---

* 주류 경제학의 '합리적인 인간'을 부정하며 시작한 행동 경제학은 인간이 온전히 합리적이라는 주장을 부정하고 이를 증명하기 위해 태어났다. 이성적·이상적인 경제인을 전제로 한 종래의 경제학 모델이 현실에 맞지 않는 이유를 근거로 다양한 인간의 심리에 관한 실험 연구를 통해 새로운 모델인 행동 경제학이 제시됐다.

첫 번째는 내가 아는 것만 투자하기, 두 번째는 조급함을 버리고 여유 있게 기다리기입니다.

내가 아는 것만 투자하기

부동산 투자 바닥에는 자칭 전문가들이 많습니다. 자주 보는 블로거일 수도 있고, 구독하는 유튜버일 수도 있습니다. 심지어 친한 지인도 해당합니다. 과거와는 달리 손쉽게 정보를 얻을 수 있는 환경에 놓여 있습니다. 투자를 못 한다면 돈이 없어서지, 정보가 없어서 투자를 못 하는 시대는 지났습니다.

내가 사는 지역만 투자하라는 이야기가 아닙니다. 투자 지역의 범위를 넓게 잡되, 그 지역을 잘 알아야 합니다. 내가 모르는 곳을 남의 말을 듣고 투자하는 것은 지양해야 합니다. 부동산 투자는 주식 투자와는 달리 엑시트(매도)가 매우 복잡하고 어렵습니다. 주식은 잘못된 선택을 하면 손절하고 나오면 그만이지만, 부동산은 잘못된 선택을 하면 몇 년 혹은 몇십 년이 지나도 손절은커녕 매도 자체가 불가능할 수 있습니다. 내 판단에 대한 확신이 없다면 투자하지 말아야 합니다.

저도 인천 연수구 청학동의 모 빌라를 투자한 적이 있습니다. 그 당시에 인천에 살았기 때문에 잘 아는 지역이라고 생각했습니다. 친한 지인은 청학동이 지구단위계획구역으로 묶여 재개발이 추진될 거라며 최소 2배는 오를 것이라고 말했습니다. 근처 부동산 중개사무소에 물어보니 제2경인선 청학역이 들어서고 문학터널이 무료화된다는 등 호재만 이야기할 뿐이었습니다. 저는 곧바로 몇몇 빌라를 매수했습니다. 전혀 공부하지도 않고 덜컥 매수해버렸죠. 결국 그 빌라는 전혀 오르지 않고 수리만 해주다 6개월 후 매입한 가격 그대로 매도했습니다. 그것도 복비를 3배나 주고 말이죠. 저는 세금은 세금대로, 부동산 수수료는 수수료대로 그리고 가장 중요한 기회비용을 날리게 됐습니다. 그때의 경험 덕분에 저는 절대 남이 투자하라는 곳은 투자하지 않습니다. 추천은 받지만, 제가 직접 눈으로 확인하고 확신이 들어야 투자합니다.

투자하기 전에 내가 투자하려는 지역을 현지인처럼 공부해야만 합니다. 그 지역의 개발계획뿐만 아니라 상권, 교통 상황, 인구 밀집도, 가구수 등을 세부적으로 파고들어야만 합니다. 대충 수박 겉핥기식으로 공부하는 것은 안 하느니만 못합니다. 디테일은 생명입니다. 그렇게 파고들다 보면 '어떤 위치에 어떤 물건을 매입하면 수익이 나겠다'라는 확신이 생깁니다. 그 확신이 들 때 투자하는 것입니다.

조급함을 버리고 여유 있게 기다리기

부동산 투자는 다른 투자와는 다르게 호흡을 길게 가져야 합니다. 먼저 부동산 투자로 차익이 생기면 정부는 세금으로 최대 70%를 가져가는데, 이를 '양도소득세'라고 합니다. 양도소득세를 줄이기 위한 유일한 방법은 보유 기간을 늘리는 것뿐입니다. 소득세법은 1세대 1주택자가 2년 이상 보유한 경우 양도소득세를 과세하지 않는 비과세 요건을 명시하고 있고(12억 원 초과 고가주택 제외), 부동산을 3년 이상 보유한 경우 '장기보유

특별공제'로 매매 차익에서 일정 비율만큼 공제해주고 있습니다.

이렇듯 부동산은 단타 매매를 할 경우 세금 때문에 수익률이 낮아지는 경향이 있어 법인이 아닌 개인이라면 장기적으로 보유하는 전략을 기본적으로 가지고 가야 합니다.

공시지가가 상승하는 것도 부동산 투자에 여유를 가져야 하는 이유입니다. 부동산은 여타 다른 동산 자산과는 다르게 현금화하기 어렵다는 단점이 있습니다. 하지만 단점을 상쇄시킬 만큼 매력적인 장점이 있는데요. 바로 가격이 잘 떨어지지 않는다는 것입니다. 보수적으로 말해서 잘 떨어지지 않는다는 것이지, 사실은 매년 오릅니다. 뒤에서 자세히 설명하겠지만, 공시지가는 매년 하반기에 조사해서 다음 해 3월에 확정합니다. 이 공시지가를 기준으로 세금을 부과하는데, 국토교통부가 2004년부터 개별공시지가를 발표한 이래로 계속해서 상승하고 있습니다.

공시지가가 오르면 뭐가 좋을까요? 공시지가는 말 그대로 국가에서 인정한 땅값입니다. 비록 실거래가와 차이가 존재하지만(시세 반영률 약 65%), 공시지가가 상승하면 실거래가도 상승합니다. 핵심은 대출을 받을 때인데 은행은 토지의 경우 공시지가를 기준으로 감정평가를 하고, 이 감정평가를 기준으로 대출을 해줍니다. 농협의 경우 토지담보대출을 실행할 때, 담보물인 토지의 감정가액에 70~80%를 대출해주는데, 공시지가가 전년도보다 상승하면 재감정해 상승분만큼 추가 대출이 가능합니다. 즉, 우량한 부동산은 나의 또 다른 은행이 되어주는 것입니다. 조급한 마음을 버리고 여유를 갖고 투자에 임한다면, 달콤한 투자의 열매를 딸 수 있습니다.

공부는 그만,
이제 실천할 때입니다

　대부분, 아니 모두라고 해도 될 정도로 이 땅에 사는 모든 사람들은 부동산에 관심이 많습니다. 역세권, 숲세권, 초품아와 같은 신조어들은 물론이고, LTV나 DSR과 같은 전문 용어까지 모르는 사람이 없을 정도입니다. 부동산 시장이 좋지 않은 지금도 무순위 청약, 이른바 '줍줍 청약'에 엄청난 경쟁자가 모입니다. 직장인들은 출근해서 동료들과 부동산 투자 정보를 공유하고, 퇴근 후에는 부동산 스터디를 합니다. 향후 부동산에 투자하겠다고 말한 20~30대의 비율이 50%가 넘어섰고, 과거 설문 조사에서 고등학생들이 가장 선망하는 직업 2위가 '건물주'였던 적도 있습니다.

　남녀노소 가릴 것 없이 부동산에 대한 뜨거운 관심과 학구열은 더 이상 말하지 않아도 될 것 같습니다. 그런데 실제로 부동산 투자를 해본 경험이 있는 사람은 몇이나 될까요?

　전국경제인연합회(전경련)의 재테크에 대한 인식 조사 결과에 따르면,

20~30대가 현재 가장 많이 활용하는 재테크는 '예·적금(37.5%)'이고, 주식(33.0%), 가상자산(10.3%), 그리고 부동산(9.8%) 순으로 나타났습니다. 부동산에 투자하고 있는 20~30대는 9%대에 불과했습니다. 미래 자산 증식을 위해 가장 중요한 재테크로 '부동산(36.1%)'이라고 응답한 것과는 대조됩니다.

자료 1-2. MZ 세대 미래 재테크 수단 선호도

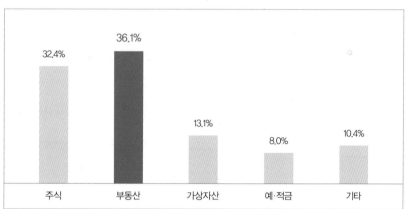

출처 : 전경련

부동산이 결국 답이라는 것을 알고 있지만, 막상 투자를 하지 못하고 있는 이유는 무엇일까요? 맞습니다. 부동산 투자는 돈이 많아야 할수 있다는 선입견 때문입니다. 그렇기 때문에 많은 직장인들과 자영업자들이 투자를 포기하는 것입니다. 서울의 아파트, 월세가 많이 나오는 상가, 개발 예정지의 노른자 땅을 사려고 한다면 물론 큰돈이 필요합니다. 하지만 우리는 1,000만 원으로 10억 원을 벌려는 것이 아니지 않나요? 1,000만 원으로 2,000만 원~3,000만 원을 만들 수 있는 부동산은 널리

고 널렸습니다. 심지어 정가 대비 30%씩 할인해서 구매할 수 있는 아주 쉬운 방법도 있습니다. 부동산은 큰돈이 들어간다는 것은 오해입니다. 적은 돈으로 큰돈을 벌 수 있는 유일한 방법입니다.

또한 부동산은 불확실하고 리스크가 있다고 말합니다. 물가가 폭등한다는 뉴스가 TV를 틀 때마다 나오고, 매년 최저임금이 상승해서 인건비가 오르는데, 부동산은 안 오를까요? 이 세상의 모든 것은 눈에 보이지는 않지만 연결되어 있습니다. 특히 경제, 돈이라는 놈은 일상생활과 긴밀하게 연결되어 있죠. 밀가루가 오르면 빵값도 오르고, 빵값이 오르면 빵집의 임대료, 가게가 입점한 건물 가격도 당연히 오릅니다. 부동산은 최고의 인플레이션 헤지(hedge, 투자자가 자산의 가치가 변함에 따라 발생하는 위험을 없애려는 시도) 수단입니다. 이 세상에 오르지 않는 것은 당신의 월급밖에 없습니다.

방송인 박명수 씨는 "늦었다고 생각할 때가 진짜 너무 늦었다"라고 말했습니다. 부동산 투자는 언제 해도 늦기 때문에 지금 당장 시작해야 합니다. 지금이라도 속도를 내고 실행한다면 단언컨대 당신은 부자로 살 수 있습니다.

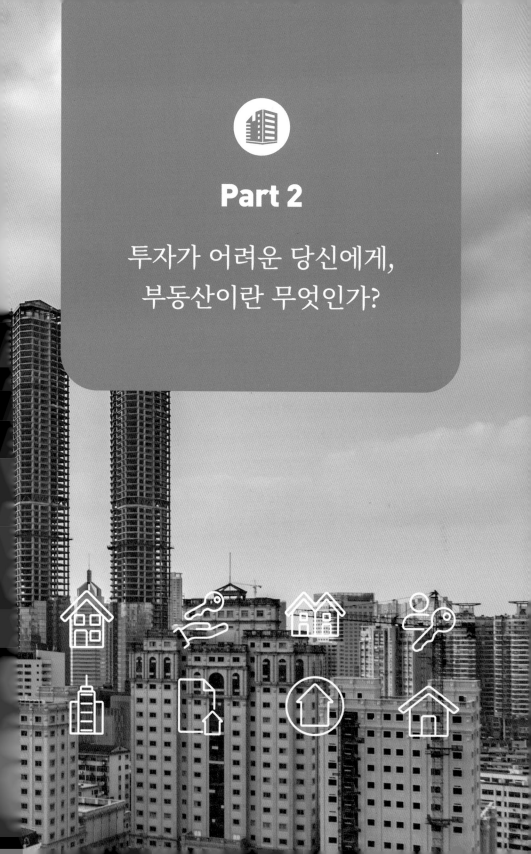

Part 2

투자가 어려운 당신에게,
부동산이란 무엇인가?

부동산이
오를 수밖에 없는 이유

부동산이란 토지 및 그 정착물을 의미합니다(민법 제99조). 정착물(定着物)이라는 말이 생소할 수도 있는데, 땅에서 난 과실, 농작물, 등기되지 않은 나무 등을 뜻합니다. 그러면 건물은 무엇일까요? 건물은 토지와 별개의 부동산으로, 그 자체를 하나의 독립된 부동산으로 간주합니다. 우리나라는 토지와 건물을 각각의 부동산으로 보기 때문에 토지등기와 건물등기가 따로 존재합니다. "등기 쳤다"의 등기가 바로 이 토지등기와 건물등기를 뜻합니다.

우리는 살면서 수많은 부동산을 접합니다. 오늘만 해도 수십 개의 부동산에 접해 있었습니다. 집에서 자고 일어나서 회사에 가고, 카페에 가서 커피 한잔하고, 식당에서 밥을 먹고, 퇴근 후에 헬스장에 가는 우리의 모든 행위가 부동산 안에서 일어납니다. 우리의 삶은 부동산과 떼려야 뗄 수 없고, 절대 부동산을 피할 수도 없습니다. 부동산을 공부한다는 것은 경제·사회·문화 모든 면을 공부한다는 것입니다.

대한민국은 말 그대로 석유 한 방울 안 나오는 나라입니다. K-콘텐츠가 대세라지만 수출액이 클 뿐 관광 산업의 발전으로는 이어지지 않고 있습니다. 삼성의 반도체, 현대의 자동차, SK의 석유 화학 제품 등이 한국을 먹여 살리는 핵심 수출품이지만, 한국의 내수 시장을 움직이는 것은 건설업, 즉 부동산입니다.

서민 경제를 살리기 위해서는 내수를 살려야 한다고 말합니다. 내수를 진작시키기 위해서는 일자리를 만들어야 합니다. 일자리는 어떻게 만드는 것일까요? 어디 공장에서 찍어내는 것인가요? 아닙니다. 일자리는 SOC 건설을 해야 늘어납니다. 즉 건설을 해야 살아나는 것입니다. SOC(Social Overhead Capital)는 경제 활동을 원활하게 하기 위해 필요한 사회기반시설(사회간접자본)을 뜻합니다. 예를 들어 도로나 공항, 철도, 문화 시설을 말합니다. SOC 건설을 하면 수많은 노동력이 필요하게 되어 고용창출이 일어납니다. 일을 하기 위해 몰리는 사람들로 인해 주변에 주택과 식당이 생기게 됩니다. 자연스럽게 지역 경기가 살고, 돈을 버는 사람들이 돈을 쓰기도 하면서 국가 경제가 활성화되는 것입니다.

1929년, 미국으로부터 발생한 세계적인 경제 후퇴였던 대공황 때, 프랭클린 루스벨트(Franklin Roosevelt) 대통령은 '뉴딜(New Deal)' 정책*을 추진해 대공황을 성공적으로 극복했습니다. 이 뉴딜 정책의 핵심은 테네시강 유역 개발 사업과 같은 대규모 토목 사업이었습니다. SOC 건설로 실업자들에게 일자리를 제공해 내수 경제를 활성화했고, 대공황 위기를 8년

---

* 1929년에 발생한 대공황을 극복하기 위해 루스벨트 대통령이 내놓은 일련의 정책들을 말한다. 금융 개혁·규제와 같은 경제 정책을 펼치는 동시에 공공사업 계획을 이끌었다. 사회 보장 서비스의 기틀을 만들었다는 긍정적 평가와 동시에 정부 부채와 기업의 경제 자유를 악화시켰다는 비판을 받는다.

만에 극복했습니다.

실제로 국토연구원은 국토 정책 브리핑을 통해, SOC에 예산 1조 원을 투자 시 경제적 파급효과가 2조 9,000억 원에 이르고, 약 2만 5,000명의 고용창출 효과가 있을 것이라고 분석했습니다. 만약 정부가 투자 가능한 만큼 SOC에 투자한다면 더 놀라운 결과가 나올 수 있습니다. 총 5년간 최대 177조 원의 경제적 유발효과와 150만 명 규모의 취업·고용 유발효과가 기대된다는 결과가 나왔습니다.

자료 2-1. SOC 예산 1조 원 투자 시 경제·고용 부문 파급효과

구분	경제적 파급효과	구분	고용효과
생산 유발효과	2조 1,911억 원	취업 유발효과	1만 4,136명
부가가치 유발효과	7,540억 원		
생산 + 부가가치 유발효과	2조 9,451억 원	고용 유발효과	1만 428명

출처 : 국토연구원

자료 2-2. 경제 성장률을 극대화하는 SOC 규모 대비 정부의 투자 가능한 SOC 규모 차이만큼 투자 시 경제·고용 파급효과

구분	파급효과	
	연평균	총 5년간
생산 및 부가가치 유발효과	약 10조~35조 6,000억 원	약 49조 8,000억~177조 9,000억 원
취업 유발효과	약 4만 8,000~17만 2,000명	약 24만 1,000~86만 4,000명
고용 유발효과	약 3만 5,000~12만 5,000명	약 17만 6,000명~62만 9,000명

출처 : 국토연구원

국토연구원은 경기 침체 국면에서 저소득층의 일자리 창출과 소득 증대, 그리고 장기적인 인프라 구축에 긍정적인 영향을 미치는 SOC 투자의 필요성을 강조하고 있습니다. 이에 공감한 기획재정부는 2024년 경기 회복을 위해 SOC 건설 투자에 20.8조 원을 쏟아붓겠다고 발표했습니다. 건설 경기를 국가가 나서서 해결하겠다는 것이지요.

다시 말해 한국에서 건설 경기가 무너지면 나라 경제가 무너지는 것과 같습니다. 정부는 계속해서 도로와 철도, 사회 시설을 만들 것이고, 건설업을 살리기 위해 노력을 쏟아부을 것입니다. 이에 따라 역사가 그래왔듯, 부동산은 등락을 거듭하면서도 결국에는 상승할 것입니다.

경제로 보는 부동산

앞에서는 부동산의 법적인 의미와, 대한민국에서 부동산은 어떤 의미를 가지는지 알아봤습니다. 이번 장에서는 사회 경제적인 방향에서 부동산을 분석해보겠습니다.

2020년 1월부터 본격적으로 유행한 코로나바이러스 감염증(코로나19)을 극복하기 위해 세계 각국의 은행은 거대 규모의 유동성을 공급했습니다. 어마어마한 돈이 시장에 풀렸고, 부동산뿐만 아니라 주식과 가상화폐, 심지어 명품 시계인 롤렉스의 가격도 급상승했습니다. 시장에 돈이 풀렸을 뿐인데, 왜 모든 자산의 가격이 오른 것일까요?

그 이유는 돈의 흐름에 있습니다. 시중에 돈이 많이 풀리면 자산의 가격이 상승하고, 시중에 돈이 사라지면 자산의 가격이 하락하게 됩니다. 이를 통화 정책이라고 하는데, 각 국가의 중앙은행은 통화 정책을 통해서 통화량과 이자율을 조절합니다.

만약 은행이 통화 공급을 늘리면 시중에 돈이 풀리게 되고 이자율이 하락합니다. 이자가 저렴해지면 기업들은 앞다투어 돈을 빌려 투자를 늘립니다. 소비도 크게 증가합니다. 자연스럽게 늘어난 돈은 모든 자산의 가격을 상승시킵니다. 이때 물가가 올라서 자산에 비해 돈의 가치가 하락하게 되는데, 이를 '인플레이션'이라고 부릅니다.

반대로 은행이 시중에 공급된 통화를 거둬들이면 어떻게 될까요? 은행은 이자율을 높이는 방법을 통해 돈을 빨아들입니다. 이자가 증가하면 기업들은 투자를 멈추고 소비자의 소비도 줄어듭니다. 이자 부담이 커지기 때문에 빚을 내서 구매하려고 하지 않고, 빚을 최대한 갚으려고 합니다. 빚을 내서 사는 자산, 특히 부동산은 거래가 감소하고 가격이 하락하게 됩니다.

결론적으로 통화량이 늘면 자산의 가치가 상승하고, 통화량이 줄면 자산의 가치가 하락한다고 볼 수 있겠습니다.

통화량과 M2 그래프

다음 자료 2-3은 한국의 통화량과 M2의 추이를 나타내는 그래프입니다. 통화량은 말 그대로 시중에 돌아다니는 돈뿐만 아니라 예금과 수표, 보험 상품 등 모든 통화의 총합을 뜻하고, M2는 광의 통화로 즉시 현금화할 수 있는 자산과 만기 2년 미만의 금융 상품을 더한 것을 말합니다. 집계를 시작한 1986년부터 M2는 약간의 부침은 있지만 지속적으로 상승하고 있습니다. 2024년 상반기 기준 M2는 약 4,000조 원으로, 38년 만에 93배 상승했습니다.

자료 2-3. 통화량과 M2

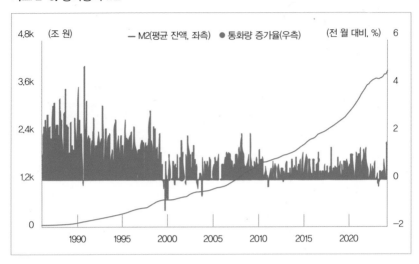

출처 : investing.com

눈여겨봐야 할 점은 통화량 그래프가 떨어지지 않고 계속 증가한다는 것입니다. 다시 말하자면, 한국의 경제는 계속 인플레이션 상태라는 말이지요. 자본주의 경제 시스템에서 통화량은 결국 증가합니다. 통화량을 인위적으로 감소시키면 경기가 침체되고 실업률이 증가해 사회적 불안이 가중됩니다. 1990년대 일본은 인위적인 긴축 정책으로 인해 '잃어버린 10년'이라 불리는 장기 불황에 빠졌고, 2011년 유럽 중앙은행의 금리 인상과 대규모 긴축으로 인해 PIGS라 불리는 남유럽 4개국(포르투갈, 이탈리아, 그리스, 스페인)은 디폴트 위기까지 몰렸습니다.

우리가 투자할 때는 '절대적으로 통화량은 증가한다'라는 사실을 전제로 임해야 합니다. 이 전제가 깨진다면 우리가 살아가고 있는 자본주의라는 경제 시스템도 깨진다는 것을 염두에 둬야 합니다.

잃어버린 10년을 극복한 '아베노믹스'

자료 2-4. 일본 엔과 도쿄타워

출처 : istock photo

"인쇄기를 돌려서 일본은행이 돈을 무제한으로 찍어내게 하겠다."

2012년 출범한 일본의 아베 신조 내각이 엔화를 시중에 뿌리는 통화 정책을 시작하면서 뱉은 말입니다. 1980년대 버블 경제가 붕괴되고 '잃어버린 10년'이라고 불리는 장기 침체를 겪고 있던 일본은 엔고와 고용 불안 그리고 수출 부진까지 겹친 위기를 맞았습니다. 이에 아베 정부는 국채와 민간 채권을 모두 사들이는 양적완화를 진행했고, 시중에는 엔화가 넘쳐 흐르게 됐습니다.

이런 정책에 힘입어 수출 기업의 경쟁력이 올라가고 일본 내 소비가 증가하면서 경기가 회복했는데, 이때 닛케이 지수가 사상 최고점을 돌파하기도 했습니다.

'아베노믹스*'는 9년 동안 진행됐습니다. 즉 9년 동안 엄청난 돈이 일본에 풀리게 된 것이죠. 양적완화가 끝난 지금의 일본은 어떤 모습이 됐을까요? 박스권에 발목 잡힌 한국의 코스피, 코스닥과는 달리 일본의 닛케이 지수는 2024년 3월에 4만 포인트를 넘는 기염을 토했습니다. 일본의 부동산은 오르지 않는다는 인식과는 반대로 부동산 역시 급격하게 상승했고, 도쿄 긴자의 땅값은 1980년대 버블 경제 시기의 수준을 회복했습니다.

통화량을 늘리면 경제는 살아나고, 자산 가치도 자연스럽게 상승하는 경향이 있습니다. 그러나 양적완화가 항상 성공적인 것은 아니며, 체질 개선과 함께 장기적인 경제 플랜이 동반되어야 합니다.

---

* 아베 신조(安倍晋三)와 이코노믹스(Economics)를 합쳐 놓은 신조어로, 일본의 아베 신조 내각 시절 시행됐던 경제 정책을 일컫는 말이다. 단기적인 인플레이션을 일으켜 경제를 회복시키는 것뿐만 아니라 규제 개혁과 일본 경제의 체질 개선을 단행해 일본 기업의 수출을 늘리고 실물 경기를 회복시켰다는 평가를 받는다. 한편 대규모 재정 지출로 인해 재정 건전성 악화와 소득 불평등을 심화시켰다는 비판 또한 받는다.

부동산은 결국 심리

    모든 투자는 심리를 이용할 수 있는지에 따라 성패가 갈립니다. 이때 심리는 타인의 심리뿐만 아니라 나의 심리도 포함됩니다. 투자의 대가 워런 버핏(Warren Buffett)은 "다른 사람들이 탐욕스러워할 때를 두려워하고, 다른 사람들이 두려워할 때 탐욕스러워하라"라고 말했습니다.

    자본주의가 시작되면서 인간들은 수차례 버블 경제를 겪었고, 항상 같은 실수를 반복해왔습니다. 과거의 네덜란드 튤립 파동부터 최근의 비트코인 투기 열풍까지 인간의 비합리적인 탐욕은 비슷한 패턴을 보입니다. 이런 패턴을 뒷받침해주는 여러 심리학 이론이 있는데, 그중 3가지를 여러분께 소개하도록 하겠습니다.

확증편향 이론

    먼저 '확증편향(Confirmation bias) 이론'입니다. 확증편향은 자신이 옳다는 것을 확인시켜 주는 증거만 적극적으로 찾고, 이에 반하는 정보는 철저하게 무시하는 것을 의미합니다. 즉 '보고 싶은 것만 본다'라는 것이지요. 인간은 심리적 안정을 추구하기 때문에 자신이 틀렸다는 것을 받아들이지 않습니다. 부동산 투자에서도 내가 마음에 든 주택이나 지역의 긍정적인 정보만 수집하고 판단합니다. 최근에는 검색 기록을 기반으로 한 추천 알고리즘의 발달로 더 편향된 정보만을 제공해 확증편향은 심화되고 있습니다.

이런 심리를 막기 위해서는 제삼자의 입장에서 객관적으로 바라볼 필요가 있습니다. 또한 본인의 의견과 다른 전문가의 의견을 들어 보면서 다양한 사실을 놓고 판단해야 합니다. 내가 틀렸을 수도 있다는 것을 인정하고 균형 잡힌 판단을 한다면, 객관적인 투자가 가능할 것입니다.

더 큰 바보 이론

두 번째는 '더 큰 바보(Greater Fool) 이론'입니다. 더 큰 바보 이론은 버블이 낀 자산을 구매하는 사람이 누군가에게 자신이 구매한 가격보다 높은 가격에 팔 수 있다고 믿는 현상을 말합니다. 사람들은 구매하려는 자산이 이미 본질적인 가치를 넘었다는 것을 알지만, 다른 바보에게 팔면 된다는 확신을 갖고 투기를 합니다. 이 이론은 거시경제학을 창시하고 미국의 대공황을 끝냈다고 평가받는 존 메이너드 케인스가 제시했는데, 이런 투기 심리는 버블을 만들어내고, 최고점에서 자산을 사들이는 바보는 결국 내가 됩니다.

투자 심리는 항상 버블을 만들어냅니다. 다만 자산에 버블이 껴 있다는 것을 인지하고, 이를 활용한다면 성공하는 투자를 할 수 있습니다. 최고점에서 팔겠다는 생각보다 어깨쯤에 팔겠다고 생각하는 것이 좋습니다.

군중심리 이론

마지막으로는 '군중심리(Crowd Psychology) 이론'입니다. 부동산은 장기적으로 주택 공급이나, 인구 증감, 금리에 영향을 받지만, 단기적으로는 사람들의 심리에 크게 좌우됩니다. 투자자들의 심리는 갈대 같아서 작은 사건에도 이리저리 휘둘립니다. 유명 부동산 커뮤니티도 호황기 때는 부동산이 폭등한다는 '상승론자'밖에 없었는데, 경기가 하락하고 불황이 오니 부동산은 폭락한다는 '하락론자'들의 글로 도배됩니다. 인간은 한 사람 한 사람 존재할 때는 영리하지만, 군중을 이루면 바보가 됩니다. 나도 모르는 순간, 군중과 동조해 비합리적인 선택을 내리게 됩니다. 이는 소외되지 않으려는 인간의 본성입니다. 그러나 투자에 실패하지 않으려면 군중과 다른 길을 가야 합니다. 군중의 어리석음을 인지해서 합리적이고 이성적인 판단을 해야 합니다.

'인간 지표'라는 말을 들어본 적 있나요? 어떤 사람의 행동을 보면 시장의 움직임을 알 수 있다는 말인데요. "○○이가 주식을 산 것을 보니까 주식도 끝물이네"와 같이 표현하곤 합니다. 과학적이지 않은 것처럼 보여도 생각보다 잘 맞습니다. 인간은 소외되지 않으려는 본능이 있기 때문에, 투자에 있어서 비합리적인 선택을 합니다. 아무리 똑똑한 사람도 투자에 젬병이 되는 이유입니다. 우리 스스로 인간 지표가 되지 않기 위해 객관적으로 투자에 임해야 합니다.

부동산 폭락은 끝났다

코로나19로 인한 자산 시장의 버블이 급격한 금리 인상과 함께 끝이 났습니다. 산이 높을수록 골이 깊다고 하지요. 한껏 오른 자산의 가격이 내려가면서 대중들은 두려움에 떨고 있습니다. 꼭지에서 산 사람들은 세상이 무너진 것처럼 슬퍼하고, 자의 혹은 타의로 자산을 사지 못한 사람은 세상이 본인들 것인 것처럼 기뻐합니다.

하지만 냉정히 생각해봅시다. 정말 폭락한 것일까요? 이것이 폭락이라면 더 이상 부동산은 안 오르는 것일까요?

다음의 그래프는 2023년 서울 지역에서 거래량이 가장 많았던 서울시 송파구 헬리오시티의 5년 치 매매 그래프입니다. 버블이 시작되기 전인 2020년 중순에 평균 16억 5,000만 원에 거래됐는데, 버블 최고치인 2021년 후반에는 최고점인 23억 8,000만 원에 거래됐습니다. 버블 기간 동안 약 45% 상승한 것이지요. 이후 폭락을 거쳐 2024년 6월에는 평균 20억 원 정도에 거래되고 있습니다.

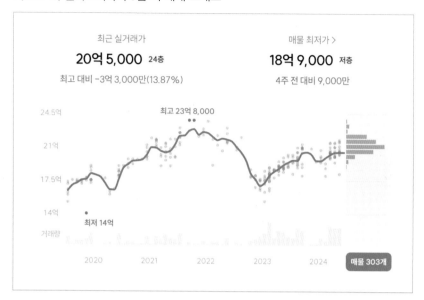

출처 : 리치고

그래프를 보면 재미있는 사실을 발견할 수 있는데요. 가장 폭락했던 때의 가격과 폭락 전의 가격이 똑같습니다. 즉, 자산이 아무리 폭락해도 최소한의 가격은 버텨준다는 것을 보여줍니다. 헬리오시티의 경우 하방 지지선이 16억 5,000만 원인 것입니다. 그 밑으로 떨어지면 구매하려는 수요자들이 많기 때문에 수요 공급 법칙에 따라서 아래로 내려가지 않습니다. 폭락하는 와중에도 매수하려는 사람은 있기 마련입니다.

또한 2024년 6월에는 20억 5,000만 원에 거래되면서 고점을 회복하지는 못했지만, 그래도 버블 전보다 약 25% 상승했습니다. 아무리 폭락해도 부동산은 점점 우상향하고 종국에는 고점을 회복하며 그 이상 상승합니다. 이것이 부동산 경제의 원리이며 폭락은 끝났다는 증거입니다.

위기 속 기회가 온다

　"위기는 곧 기회다"라는 중국의 속담이 있는데요. 중국어로 '危机(위기)'는 위험과 기회를 모두 포함하는 단어입니다. 즉, 위기에는 늘 기회가 존재한다는 것입니다.

　코로나19 팬데믹이 끝나고 미국 연방준비은행(Fed)이 금리를 5.5%까지 올리면서 전 세계는 패닉에 빠졌습니다. 기다렸다는 듯이 등장한 위기론과 각종 부정적인 경제 뉴스는 사람들을 공포에 떨게 하고 있습니다. 한국에서도 마찬가지인데, PF발 부동산 위기설이 끊임없이 나오면서 부동산이 폭락 직전이라는 공포 분위기가 조성되고 있습니다.

　하지만, 언제 경기가 좋았다고 느꼈던 적이 있나요? 인간의 인지적 편향성은 항상 자신이 자주 보는 것에 더 가중치를 둬서 생각합니다. 평균 물가가 3% 상승했다고 하더라도, 내가 좋아하는 사과의 가격이 전보다 2배가 올랐으면 물가가 2배 상승했다고 인지하는 것이죠. 이러한 인지 오류와 손실에 더 민감한 인간의 본능이 합쳐져서 늘 불경기라고 생각하는 것입니다.

위기를 부정하라는 말이 아닙니다. 위기를 위기로 인식은 하되, 이를 헤쳐 나갈 방법을 찾아야 합니다. 시장의 공포 속에서 냉정하게 생각해야 합니다. 세상 모든 것은 순환합니다. 경제도 예외는 없습니다. 10년 주기설이나 20년 주기설이 계속 나오는 이유는 사람들 심리가 오름이 있으면 내림이 있다고 생각하기 때문입니다. 실제로 블랙먼데이, IMF 금융 위기, 리먼 브라더스 사태 등 경제 위기가 일정한 주기로 찾아오기도 합니다. 경제 위기 때마다 부자들은 소비를 줄이고 헐값이 된 자산을 구매했습니다. 그리고 경기가 회복된 후, 제자리를 찾은 자산을 비싸게 되팔면서 더 부자가 됐죠. 태풍이 오지 않으면 무엇이 튼튼한 나무인지 알 수 없습니다. 한바탕 태풍이 휩쓸고 가야 비로소 무엇이 뿌리가 깊은 나무인지 알 수 있습니다.

탈무드는 "지혜로운 자는 기회를 만들고, 어리석은 자는 기회를 기다린다"라는 점을 강조합니다. 당신은 기다리는 사람인가요, 아니면 기회를 만드는 사람인가요?

대한민국에서 가장 비싼 땅의 주인

출처 : 네이버 지도

한국에서 21년째 가장 비싼 땅값을 유지하는 곳이 있습니다. 무려 평당 공시가가 6억 원에 육박하는 곳입니다. 바로, 명동의 '네이처리퍼블릭 명동월드점'입니다. 네이처리퍼블릭이 보증금 50억 원에 월세 2억 5,000만 원을 내고 임차 중이라고 하는데, 이 땅의 주인은 누구일까요? 대기업 회장님도 아니고 외국계 법인도 아닙니다. 충격적이게도, 소유주는 경기 남양주에 사는 70대 주 모 씨입니다.

명동 노른자 땅의 소유주 주 모 씨는 원단 도매업을 하는 것으로 알려져 있는데, 1999년 서울중앙지법 경매로 나온 이 땅과 건물을 41억 원에 낙찰받았다고 합니다. IMF 외환 위기로 나라와 기업이 쓰러져가는 위기 상황에서 변하지 않는 가치를 가진 부동산을 매입한 것이지요. 모든 사람들이 부동산을 싸게라도 팔려고 안달이 나 있는 상황에서, 원단 도매업으로 번 돈을 쏟아부었다고 합니다.

소유주 주 모 씨는 인터뷰에서 "내 성공의 원인은 남들이 아무도 관심을 가지지 않을 때 이 땅을 매입한 것"이라고 말했습니다. 말 그대로 위기를 기회로 생각하고 행동으로 옮긴 것입니다.

현재 이 땅의 시세는 600억 원이 넘을 것으로 보이는데, 매입 가격인 41억 원에 비해 약 15배가 오른 것입니다. 위기 상황 속에서 용기를 갖고 기회를 잡은 대가는 아주 달콤합니다.

Part 3

오르는 부동산,
내리는 부동산

내 땅만
안 오르는 이유

주변 지인들은 다 올랐는데 내 땅(주식)만 안 올랐던 기억이 누구나 있죠? 분명 사면 오른다고 해서 샀는데, 얄밉게 내 것만 안 오릅니다. 여러 가지 이유가 있지만 가장 큰 이유는 '안 오르는 땅'을 샀기 때문입니다. 지적공부(地籍公簿, 토지의 표시와 해당 토지의 소유자 등을 기록한 대장 및 도면)상 우리나라는 3,753만 183필지의 토지로 이루어져 있습니다. 그중에는 평택 개발지구 내 개발지도 있고, 강원도 두메산골의 임야도 있습니다. 둘 중 어떤 땅이 가치 있는지는 누구나 알 수 있습니다. 하지만 계획관리지역, 자연녹지지역, 준보전산지와 같은 어려운 공법적 용어가 나오면 공인중개사가 알아서 해줄 것이라는 안일한 생각으로 평생 팔리지 않는 부동산을 사게 됩니다. 팔리지 않는 것도 서러운데, 매년 재산세까지 물게 됩니다.

공인중개사의 목적은 의뢰인의 땅을 매수인에게 파는 것입니다. 그들은 컨설팅 업체가 아니기 때문에 그 땅이 오를지, 오르지 않을지는 관심이 없습니다. 중개수수료만 받으면 끝이니까요. 기획 부동산 회사는 더 악질입니다. 그들은 개발이 불가능하거나 어려운 땅을 여러 사람들에게 지분을 쪼개서 비싸게 판매합니다. 허위 개발 정보를 달콤하게 포장해서 사람들을 현혹하는 것이 그들의 영업 방식입니다. 과거 필자도 평택시에 인접한 충청남도 당진시의 토지를 매수하기 위해 많은 부동산 업체와 미팅을 했습니다. 충청남도 당진은 수도권과 가장 가까운 충청권 지역으로 연륙교 착공, 철도와 도로 신설, 산업 단지와 물류 단지 등 수많은 호재가 있는 지역입니다. 특히 신평면 일대의 매물을 가진 부동산 업체들과 미팅했을 때, 대부분의 업체들이 지분 거래를 권했습니다. 추천한 토지 부근의 등기부등본을 떼 보니 한 필지에 공유자만 100명이 넘는 곳도 있었습니다. 모르면 당할 수밖에 없습니다.

사면 절대 안 되는 땅

자, 그럼 이제 절대 사면 안 되는 땅을 알려드리겠습니다.

1. 맹지

맹지는 지적도(地籍圖)상 도로에 접하지 않은 토지를 뜻합니다. 건축물을 짓기 위해서는 건축법상 4m 이상의 도로에 2m 이상 토지가 접해야 합니다. 4m 이하의 도로에 접한다면 건축이 불가능합니다. 맹지를 탈출하기 위해서는 토지통행권을 받거나 하천이나, 구거(溝渠)와 접해 있다면 점용허가를 받아 진입 도로를 만드는 방법도 있습니다. 하지만 난이도가 높고 추가 비용이 많이 들기 때문에 맹지는 피하는 것이 좋습니다. 또한 맹지는 금융권으로부터 대출도 나오지 않습니다.

2. 개발제한구역 내의 토지

개발제한구역, 일명 '그린벨트'는 도시의 무분별한 확장을 막기 위해서 도입됐습니다. 현재 서울의 경우 전체 면적의 24.6%(149.09㎢), 전 국토의 3.8%가 개발제한구역으로 묶여 있습니다. 현재 지역 전략사업 추진을 위한 그린벨트 해제가 논의되고 있지만, 현실적으로 쉽게 되지는 않을 것입니다. 후손들에게 물려주기 위한 투자로는 모르겠네요.

3. 농업진흥지역(절대농지)

'국토의 계획 및 이용에 관한 법률'은 국토를 4가지 용도지역으로 나누는데 도시지역, 관리지역, 농림지역 그리고 자연환경보전지역이 있습니다. 그중 농림지역은 농업의 진흥과 산림의 보전을 위해 필요한 지역을 대상으로 지정합니다. 지적도를 볼 때, 자로 잰 듯 이쁘게 구획정리가 된 논밭을 본 적이 있으신가요? 그렇게 정리를 해놓은 이유는 농업 외에는 못 하게 하기 위함입니다. 쌀은 곧 국가안보이기 때문에, 농사짓는 땅은 국가에서 법으로 강력하게 규제하고 있습니다. 이에 따라 건축행위도 제한되기 때문에 투자로서 가치가 매우 떨어집니다.

4. 보전지역

보전지역은 말 그대로 자연환경을 그대로 놔둬 미래 세대에게 아름다운 자연을 넘겨줘야 하는 지역을 뜻합니다. 자연환경이나 생태계 보전은 물론이고, 문화재 보존도 이에 포함됩니다. 국립 공원이나 해수욕장 혹은 불국사와 같은 유적지 부근 모두 보전지역으로 묶여서 개발행위가 불가능합니다. 용도지역으로 본다면 자연환경보전지역이고, 산지법에 의한 보전산지도 이에 해당합니다. 마찬가지로 개발이 불가능하기 때문에 투자 가치는 현저히 떨어지는 지역입니다.

이 외에도 특정 지역의 생태적 가치를 보호하기 위해 지정된 비오톱, 고압선이 지나가는 선하지(線下地), 평균경사가 35도 이상인 토지는 절대 매수해서는 안 됩니다. 이러한 토지들의 문제는 돈을 지불해도 해결할 수 없기 때문입니다. 해결할 방법이 없는 토지는 처음부터 손을 대지 않는 것이 낫습니다.

오히려 사람들이 피하는 공유자가 많은 토지나 묘지가 있는 토지, 축사와 붙어 있는 땅은 경우에 따라 매수를 고려해볼 수 있습니다. 이 3가지 토지는 정말 가치가 있다면 소송을 하거나 돈을 지불해서 문제를 해결할 수 있습니다. 공유자 지분 토지의 경우 공유물분할청구소송을 통해 현물 분할이 가능하고, 부득이한 경우에는 분할을 위한 형식적 경매에 내놓을 수 있습니다. 이때 감정가보다 저렴하게 매수할 수 있습니다.

묘지가 있는 토지(분묘기지권이 성립하는 토지)나 축사 인근 토지의 경우 적당한 가격을 지불함으로써 해결할 수 있는데, 무연고 묘지는 신문이나 관할 시도군청에 2회 이상 공고하고 개장 허가신청을 받은 후 적법한 절차에 따라 해결할 수 있습니다. 하지만 묘지 주인(연고자)이 있는 경우에는 조금 까다로운데요. 분묘기지권이 성립하는 경우에는 연고자와 합의해야 합니다. 묘지 이장 합의금은 시세가 정해져 있지 않지만, 통상적으로 500만 원 선에서 1,000만 원 이하로 합의를 진행합니다. 만약 연고자가 상식적이지 않은 금액을 부른다면, 분묘에 대한 지료 청구와 함께 묘지가 있는 땅을 분할하는 방법도 고려할 수 있습니다.

축사 인근의 땅은 분뇨로 인해 악취가 심하기 때문에 사람들이 선호하지 않습니다. 겨울에는 모르고 넘어가더라도 더운 여름에는 엄청난 악취로 고통받기 십상입니다. 내 땅 주변에 축사가 있다면 민원 제기를 통해 축사 밀폐와 악취 저감을 요구할 수 있습니다. 하지만 이는 미봉책입니다. 사실 축사는 땅값이 상승하고 개발이 시작되면 가장 먼저 팔리고 사라지는 시설입니다. 토지가 오를 것이라는 확신이 있다면, 저렴하게 매수해 토짓값 상승을 기다리면 축사는 가장 먼저 없어질 것입니다.

기획 부동산 회사에 사기당하지 않는 방법

자료 3-1. 기획 부동산 회사의 사기 구조

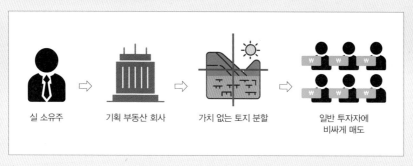

| 실 소유주 | 기획 부동산 회사 | 가치 없는 토지 분할 | 일반 투자자에
비싸게 매도 |

　　기획 부동산이라는 말을 들어 보셨나요? 개발 불가능한 땅을 싸게 산
후 잘게 쪼개서 일반 투자자에게 비싸게 파는 업체를 말하는데요. 돈도
묶이는 데다 수익은커녕 손해가 나기 때문에 '원수에게나 권하는 투자'
라고 불립니다.

　　이러한 업체들은 보통 취업 준비생이나 전업주부에게 투자 가치가 있
다고 세뇌시키고 가족과 지인들을 끌어들여 투자금을 갈취하는 식으로
영업하는데, 사기 건수가 5년간 10만 건이 넘는다고 합니다.

　　이들은 개발 호재와 미래 청사진들을 제시하면서 '지금 투자하지 않으
면 늦는다'라는 식으로 투자자들을 현혹시킵니다. 토지의 지번을 알려주
지 않는 경우도 있고, 판매하는 토지와 다른 지번을 알려주기도 합니다.

　　기획 부동산 회사의 수법에 넘어가지 않기 위해서는 투자하려는 토지

에 관한 공부는 필수입니다. '토지이용계획확인원' 한 장만 봐도 사기를 예방할 수 있습니다. 국토교통부가 제공하는 토지이음 홈페이지에서는 토지의 공시지가는 물론이고 개발이 가능한지, 아닌지도 알려줍니다.

더 안전하게 확인하고 싶다면 '등기부등본'을 확인하는 것도 방법입니다. 등기부등본에는 과거 거래 기록이 남아 있기 때문에, 거래된 지 얼마 안 된 토지이거나 공유자가 너무 많을 경우에는 의심해봐야 합니다.

지분이 많은 토지는 판매하기도 어렵고 개발하기 위해서는 공유자들의 동의가 필요하기 때문에 투자는 절대 금물입니다. 조금만 공부한다면 이런 사기 피해에서 벗어날 수 있습니다.

인구가 늘어야
땅값도 오른다

2024년 기준 대한민국의 전체 인구는 5,175만 1,065명이고 이 중 절반인 50.77%가 수도권에 모여 살고 있습니다. 한국의 합계 출산율이 역대 최저를 기록하고, 이대로라면 50년 후에는 전체 인구 3,000만 명대를 간신히 유지할 것이라는 말이 나옵니다. 인구가 감소하는 지역은 지방 소멸의 우려가 있기 때문에, 인구가 지속적으로 늘어나는 지역 위주로 투자 방향을 잡아야 합니다.

인구가 증가하는 도시들

암울한 이야기는 이쯤 하고, 인구가 증가하는 도시들을 살펴보겠습니다. 인구 증가 상위 10개 지역으로는 경기도 화성시, 세종특별자치시, 경기도 평택시, 인천광역시 서구, 경기도 김포시, 경기도 시흥시, 경기도 하남시, 경기도 용인시, 경기도 남양주시, 경기도 파주시입니다.

1. 경기도 화성시

시 승격 22년 만에 인구가 100만 명이 넘어 전국에서 5번째로 인구가 많은 도시가 됐습니다. 화성시에는 삼성전자, 현대차와 기아를 비롯한 기업이 2만 7,000여 개가 있고, 양질의 일자리와 더불어 신도시 개발이 더해지며 인구가 많이 증가했습니다.

특히 화성시는 평균 연령 38.8세로 전국에서 가장 젊은 도시이기도 합니다. 아동 인구가 전체의 20%나 됩니다. 2025년 '특례시'로 지정된다면 택지개발지구 지정이나 그린벨트 해제와 같은 특례 권한을 갖게 됩니다.

2. 세종특별자치시

2012년 6월 30일 연기군을 폐지하고 다음 날인 7월 1일 설치된 행정중심복합도시로, 인구는 약 39만 명입니다. 전국에서 출산율이 1등으로 합계 출산율은 1.28명입니다. 세종시는 본래의 목적인 서울의 인구 분산이라는 취지와는 다르게 인접한 충청권의 인구를 빨아들이면서 성장하고 있는 도시로 평가되고 있습니다.

당초 계획인 인구 80만 명 도시는 불가능하고, 50만 명 도시로 성장하기 위해서는 국회 세종의사당과 대통령 세종 집무실 설치, 법무부와 감사원 등 중앙행정기관 추가 이전 등이 조속히 이루어져야 합니다.

3. 경기도 평택시

삼성전자가 100조 원을 투자해 세계에서 가장 큰 반도체 공장을 평택 고덕에 지으면서 폭발적으로 성장했습니다. 대도시 특례 조건인 인구수 50만 명을 넘어 100만 명을 향하고 있습니다. 또한 평택항과 당진항을 끼고 있어 수출의 이점이 있는 포승국가산업단지가 있습니다.

브레인시티, 화양지구, 포승(BIX)지구와 같은 지구단위계획뿐만 아니라 지제역세권 복합환승센터, 안중역세권 도시개발계획 등 인구를 증가시킬 만한 크고 작은 개발계획들이 산재해 있습니다.

4. 인천광역시 서구

인천광역시의 서북부에 있는 서구는 검단신도시, 청라국제도시 개발로 인구가 급격하게 증가했습니다. 2024년 기준으로 인구는 약 63만 명으로 광역시 중 자치구 인구수 1위입니다. 재개발된 도시지역과 농업지역이 혼재되어 있는 지역으로 개발 여지가 높습니다.

서울과 지리적으로 인접해 있으며, 수도권 광역급행철도(GTX)-D와 지하철 5호선 연장, 인천 1호선 연장과 같은 철도 교통망 호재로 실거주 수요가 많은 도시입니다. 서구의 단점인 인프라 부족이 해결된다면 인구 증가는 물론, 부동산 추가 상승 여력이 매우 높습니다.

자료 3-2. 2024년 주요 인구 증가 지역의 주민등록인구 현황

95만 1,179명 — 경기도 화성시
62만 9,925명 — 인천광역시 서구
59만 3,276명 — 경기도 평택시
38만 7,726명 — 세종특별자치시

출처 : KOSIS

서울 및 수도권 쏠림 현상이 심해지고 지방 소멸이 가속화됨에 따라 안전하게 투자하기 위해서는 인구 감소가 뚜렷한 지역은 피해야 합니다. 정부가 인구 감소 지역을 활성화시키기 위해서 전국 인구 감소 지역 89곳 중 투기 우려가 있는 지역 6곳(부산시 동구, 서구, 영도구와 대구시 남구, 서구 및 경기도 가평군)을 제외한 83곳에 세컨드하우스 이른바 '별장' 구매 시 세제 혜택을 주기로 했습니다. 공시지가 4억 원 미만에 실거주를 따지지 않는다는 점에서 매력적인 법안입니다만, 자본은 한정적인데 오를 가능성이 없는 부동산에 투자하는 것은 리스크가 매우 높습니다.

투자자의 관점에서 인구가 20년 이상 감소하고 있으면서 고령화 비율이 높은 인구 10만 이하의 도시는 투자를 가급적 피해야 한다고 생각합니다. 이런 도시들은 '축소도시'라고 하는데, 축소도시는 도시의 기능을 사실상 잃었기 때문에 다른 대도시와 합쳐지거나 사라질 가능성이 높은 도시들입니다. 이곳들의 특징은 빈집이 점점 증가하고 있다는 것입니다. 슬럼화가 되어가고 있는 것이죠.

반면에 기업이 들어서거나 교통이 편리해지면 도시에 사람들이 모여들게 됩니다. 모여든 사람들을 위해 아파트 단지들이 생기게 되고, 주변에 식당, 카페, 편의 시설이 들어섭니다. 인구가 증가하니 자연스럽게 문화 시설이 생기고 생활 환경은 개선됩니다. 젊은 부부들에게 '아이 키우기 좋은 곳'으로 소문이 나게 되고, 도시는 팽창하게 됩니다. 부동산 가격이 계속해서 오르는 이유입니다.

빌라, 아파트도 결국
땅 위에 지어진다

"작년 전국 땅값 0.82% 상승… 15년 만에 최소폭."
"부동산 시장은 얼어붙는데… 땅값은 아직도 오르고 있다."

　2024년 상반기 〈조선일보〉와 〈동아일보〉에 각각 기고된 기사들입니다. 국토교통부와 한국부동산원은 매년 초 공시지가를 산정하고 이를 근거로 전국 지가변동률과 토지 거래량을 발표합니다.

　코로나19로 인한 유동성 공급으로 부동산값이 엄청나게 상승했던 2020년부터 2022년까지 토지 가격은 각각 3.68%, 4.17%, 2.73% 증가했습니다. 그런데 본격적인 금리 상승으로 모든 자산 가격이 크게 내린 2023년에도 토지는 0.82% 소폭 상승했습니다. 아파트값은 요동치면서 고점 대비 30% 이상 폭락한 것에 비해 땅값은 상승이라니 참 아이러니하죠.

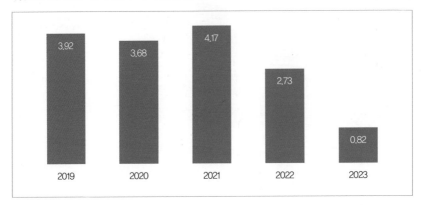

출처 : 국토교통부

아파트값은 떨어져도 땅값은 오른다?

토지를 이해하기 이전에 우리에게 익숙한 아파트와 빌라를 알아보겠습니다.

아파트와 빌라(다가구주택, 다세대주택)는 주거용 부동산이라고 불립니다. 국토교통부에 따르면 우리나라의 주택 수는 약 2,223만 호로 주택 보급률은 102.1%입니다. 서울의 경우 주택 보급률은 93.7%(2022년 기준)로 1인 가구의 증가와 부동산 경기 하락으로 인한 주택 공급 감소로 감소 추세에 있습니다.

주택의 자가 보유율은 61.3%(2022년 기준)로 전년도보다 0.7%포인트 증가했습니다. 한국인들의 꿈이 내 집 마련이라고 하던데, 실제로 꿈을 이루는 사람들이 증가하고 있습니다. 한국은 전 세계 국가 중에서 가계 자산 중 부동산이 차지하는 비중이 가장 높습니다. 미국은 가계 자산 중 부동산이 차지하는 비중이 28.5%를 차지하는 데 비해, 한국은 무려 78.6%에 육박합니다.

당연하게도 78.6%의 부동산 자산 중 대부분은 살고 있는 아파트일 것입니다. 한국 주식 시장의 불확실성이 크고, 채권이나 펀드와 같은 금융 상품 투자가 활발하지 않다는 점을 감안하더라도, 한국인들의 '부동산 몰빵' 문제는 심각합니다.

자료 3-4. 가계의 평균 자산 비중　(2023년 말 기준, 단위 : 만 원, %)

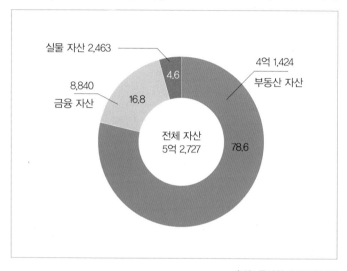

실물 자산 2,463

8,840
금융 자산

4억 1,424
부동산 자산

4.6

16.8

전체 자산
5억 2,727

78.6

출처 : 통계청 가계금융복지

투자 상품으로서 주거용 부동산

1가구 1주택 주거용 부동산 구매는 사실 투자라고 하기 애매합니다. 투자는 원하는 시기에 현금화할 수 있어야 하는데, 강남 아파트를 가지고 있는 사람이라고 해도 아파트는 반으로 뚝 잘라 팔 수도 없으며, 아파트를 팔면 당장 살 곳이 사라지죠. 사람은 항상 상급지를 추구하기 때문에 수원에 사는 사람은 과천으로 이사 가고 싶어 하고, 과천 사람은 강남으로 이사 가고 싶어 합니다. 그리고 이미 강남에 살고 있다면, 입지적으로 낮은 단계의 동네로 이사 가려는 사람은 없습니다. 즉, 아파트와 같은 주거용 부동산은 '깔고 있는' 자산이라 현금화가 가능한 자산이 아닙니다. 요즘 부동산 대출을 과하게 받아 매입하는 '영끌족'들이 문제인데, 부동산 가격이 올라도 높은 이자가 부담이고, 매도 후에 다른 지역으로 이사 가기도 어렵습니다. 가격이 하락하면 개인회생이나 파산까지 치달을 수 있습니다.

아파트를 사지 말라고 말하는 것이 아닙니다. 내 집 마련을 통한 주거 안정성 확보는 삶에서 가장 중요한 부분입니다. 하지만 과도한 빚으로 월급의 절반 이상을 원리금 상환으로 지출하는 것이 정말 주거 안정성일까요? 무리한 투자는 결국 내 발목을 잡습니다. 욕심을 조절하는 것도 투자의 방법입니다.

그렇다면 실거주 한 채를 가지고 있는 사람 입장에서 주거용 부동산 투자는 어떨까요? 이때부터는 아파트나 빌라를 투자 상품으로서 접근할 수 있겠습니다. 이미 주택을 가지고 있다면 갭 투자나 재개발 투자를 통해 시세 차익을 볼 수 있습니다. 그런데 사실 2가지 방법 모두 만만치 않습니다.

갭 투자는 매매가와 전세가 사이의 차액(Gap)을 이용해 전세를 끼고 주택을 구매하는 것을 뜻합니다. 예를 들어 2억 원짜리 아파트에 세입자가 1억 8,000만 원을 내고 살고 있다면, 구매자는 투자 금액이 2,000만 원만 있으면 아파트를 살 수 있게 됩니다. 갭 투자는 전 세계에서 거의 유일하게 한국에만 있는 전세 제도 덕분에 가능한 투자 방법입니다.

하지만 이런 전세를 통한 투자도 앞으로는 힘들어질 것으로 보이는데요. 그 이유는 2022년에 불거졌던 일명 '빌라왕 사태'와 같은 전세 사기 때문입니다. 전세 보증금은 보통 억대 이상의 고액이고, 이 금액을 반환받지 못하면 한 사람의 인생이 송두리째 날아갈 정도로 문제가 생깁니다. 주택임대차보호법의 보호를 받는 계약이나 전세권 등기를 한 경우에는 손실 가능성이 작지만, 대항력이 없는 전세 보증금은 돌려받지 못하게 됩니다.

보증금에 대한 우선변제권이 있다고 하더라도, 집이 경매에 나오면 낙찰을 받아 배당을 받을 때까지 보증금을 돌려받을 수 없습니다. 보증금을 물어주면서까지 낙찰을 받을 매수자가 없을뿐더러 매수 희망자도 경매 가격이 떨어질 때까지 기다렸다가 매수를 할 것이기 때문에 돈은 계속 묶여 있겠지요.

위의 예시는 한 개인의 문제지만, 다음 사례는 국가적 차원의 문제입니다. 전세 보증금은 보통 전세보증보험을 이용해서 충당하는데, 공공기관인 주택도시보증공사(HUG)에서 보증합니다. 전세보증보험 제도는 큰 허점을 가지고 있는데, 보증을 선 주택의 시세는 감안하지 않고 오직 전세 보증금 액수에만 초점을 맞춘다는 것입니다. 애초부터 전세금을 '먹튀' 하려는 임대인들은 보증금을 시세보다 부풀리기 때문에 전세 보증금 액수가 높게 책정됩니다. 경매에서도 시세보다 비싼 주택에 입찰하려는 사람은 없기에 손해는 고스란히 HUG가 지게 됩니다. HUG는 본인들이 보증금 보험을 선 주택이 경매에 나오면 직접 낙찰 받고 있어, 결국 세금이 이중으로 줄줄 새고 있는 것입니다. 실제로 2023년 주택보증보험의 사고액은 약 4조 원이고, 2024년은 더 늘어날 가능성이 100%입니다. 보증보험은 점차 사라질 것이고, 앞으로는 해외처럼 전세는 월세로 대체될 것으로 예상됩니다.

재개발 투자의 모순

재개발 투자는 어떨까요? 재개발은 낡은 주택들을 허물고 새로운 아파트로 탈바꿈하는 사업을 의미하는데요. 최근 서울시의 '모아타운*'도 이런 재개발 사업 중 하나입니다.

재개발 사업은 열악하고 노후화된 지역을 개선하고 도시 기능을 활성화시키는 사업입니다. 장점만 있을 것 같은 재개발 사업도 치명적인 단점이 존재합니다. 바로 시간입니다. 재개발 사업은 정비 구역 지정부터 준공까지 최소 10년 이상, 길면 30년도 넘게 걸립니다. 초기 과정부터 투자하면 리스크도 높고 기간도 오래 걸리기 때문에 사업 시행 인가 단계부터 투자를 시작하는데, 사업 시행 인가 단계까지 갔다면 사업의 절반 이상 넘은 상태인 것이고, 투자 금액도 만만치 않습니다. 감정가는 낮고 물건에 붙은 프리미엄 때문에 대출은 나오지 않아 순수 투자금이 높아집니다.

조합원 지위 양도 때문에 관리 처분 인가 전에 매도하거나 입주권이

---

* 대규모 재개발이 어려운 노후 저층 주거지에 있는 다가구·다세대주택 필지들을 모아 블록 단위로 주택을 공동 개발하는 정비 모델로, 오세훈 서울시장의 핵심 주택공약 중 하나다.

나올 때까지 보유해야 하는데, 전자는 보유 기간이 비교적 짧아 투자 수익이 낮을 것이고, 후자는 건축 자잿값 상승과 인건비 상승, 준공 지연 등으로 스트레스받다 차라리 그 기간 동안 다른 투자를 하지 못한 것을 후회하게 됩니다.

이 외에도 다주택자 양도세 중과로 주택을 2개 이상 보유하는 것이 매우 부담스럽게 된 것도 재개발 투자의 단점입니다.

건물주가 알려주지 않는 것들

직장인들의 로망인 월세 받는 건물주, 건물 투자는 어떨까요? 건물이란 상업용 부동산을 의미하는데, 건물뿐만 아니라 개별 상가, 상가 주택, 꼬마 건물, 대형 빌딩 모두 여기에 속합니다. 대형 건물은 논외로 하고, 현실적으로 카페나 식당이 입점 되어 있는 구분 상가 투자가 대중적입니다. 일반적으로 10평(전용면적 32㎡) 이내의 면적으로 호실별로 '구분'되어있는 상가를 구분 상가라고 하는데, 투자금이 적고 건물 관리를 할 필요가 없다는 장점이 있습니다.

상가 투자가 어려운 이유는 내 예상대로 들어맞지 않기 때문입니다. 예를 들어 보겠습니다. 4억 원짜리 상가를 2억 원 대출을 껴서 구매했다고 가정해봅시다. 대출 금리는 4% 고정 금리, 보증금과 월세는 3,000만 원에 140만 원으로 가정하겠습니다.

이자를 제외한 월 수익은 약 73만 원으로 연 880만 원의 월세 수익을 받을 수 있겠네요. 연 수익률은 5.18%입니다. 이렇게만 평생 받으면 걱정이 없겠지요?

계산서		(단위 : 원)
내용	상세	금액
매입 가액		400,000,000
대출 금액	대출 금리 4%	200,000,000
총 보증금		30,000,000
자기 자본	매입 가격 – 대출 금액 – 총 보증금	170,000,000
월세 수입		1,400,000
대출 이자	(대출 금액 X 대출 금리) / 12	666,667
월 수익	월세 수입 – 대출 이자	733,333
연 수익	월세 수익 X 12	8,800,000
연 수익률	(연 수익 / 자기 자본) X 100	5.18%

하지만 현실은 냉혹합니다. 상가는 시간이 지날수록 노후화됩니다. 수도관이 파열되면 수리 비용이 나갑니다. 임차인이 더 이상 영업을 하지 않고 나간다고 하면 월세가 끊길 뿐 아니라 공실 기간 동안 관리비도 상가주가 부담해야 합니다. 또한 코로나19 상황같이 경기가 어려워지면 월세를 내려야 하는 경우도 발생합니다. 공인중개사는 월세를 받는다는 점만 강조할 뿐, 상가 투자의 어두운 면은 보여주지 않습니다. 추가로 세금까지 내면 예상 수익률은 확 줄어들어 차라리 예·적금이 낫다는 생각이 들 것입니다.

상업용 부동산 투자가 단점만 있는 것은 아닙니다. 유동 인구가 많고 상권이 매우 좋은 지역의 상가나 건물은 지가 상승과 함께 시세 차익을 볼 수 있습니다. 우리나라에서 이런 지역은 강남 서초, 용산, 그리고 명동 정도 되겠네요.

　상가를 꼭 사고 싶다고요? 그렇다면 방법이 있습니다. 입지 조건이 훌륭하고 상권이 확실한 지역의 상가를 시세보다 저렴하게 사면 됩니다. 그런 방법이 있냐고요? **'Part 4. 무조건 싸게 사라. 경매, 공매, 그리고 급매'**에서 자세히 설명하겠습니다.

영국의 웨스트민스터 공작 이야기

자료 3-5. 런던시 전경

출처 : Pixabay

영국의 부자 1위는 영국 왕실입니다. 왕실은 900억 달러 상당의 자산을 가지고 있는 것으로 추정됩니다. 그렇다면 영국에서 가장 젊은 부자는 누구일까요? 바로 7대 웨스트민스터 공작인 1991년생의 휴 그로스베너(Hugh Grosvenor)입니다. 162억 달러 상당의 자산을 보유한 것으로 알려졌습니다.

그의 조상인 토머스 그로스베너는 1677년 늪지대였던 런던의 땅

500에이커를 상속받은 매리 데이비스와 결혼했습니다. 이후 그로스베너 가문은 영국 내전과 세계대전 등을 겪는 와중에서도 토지를 지켰습니다. 그들이 지켜낸 과수원과 늪지대는 개발을 거쳐 영국의 '강남'이라고 불리는 메이페어와 벨그레이비어가 됐고, 가문은 세계적인 부자가 됐습니다.

그로스베너 가문은 토지의 특성인 부동성과 부증성 그리고 영속성을 잘 알았던 것 같습니다. 버킹엄 궁전이 위치한 런던 중심부의 가치 있는 토지가 절대 사라지지 않고 영원한 가치를 가진다는 것을 알기에, 어떤 상황에서도 팔지 않았던 것입니다.

가문을 일으키기 위해서는 가치 있는 토지에 투자해야 합니다.

토지의 특징과 장단점

앞서 이야기했던 것처럼, 토지는 불황기에도 하락하지 않는 특징이 있습니다. 토지는 싸게 구입하려고 해도 좀처럼 싸게 살 수가 없습니다. 매물이 없기 때문입니다.

토지를 소유하고 있는 토지주들은 대체로 돈에 여유가 많은 부자들입니다. 일반인들과 다르게 부자들은 급하게 팔 필요가 없습니다. 경기가 어려워지고 땅값이 하락하기 시작하면, 토지주들은 땅을 팔지 않으려 합니다. 장기적으로 상승한다는 것을 알기 때문에 싸게 던질 이유가 없습니다. 정말 경기가 어려워지면 토지의 가격이 떨어지는 것이 아니라 좋은 위치의 토지가 시장에 등장할 뿐입니다. 물론 이런 토지는 순식간에 판매됩니다.

개발 지역의 토지는 불황기와는 관계없이 매수 대기자들이 기다리고 있고, 토지거래허가구역으로 묶이기 때문에 일반적으로 구매가 쉽지는 않습니다.

장점 1. 경쟁자가 없다

토지에 투자하는 사람은 주거용, 상업용 부동산을 모두 경험해보고 나서 토지로 넘어오는 경우가 많습니다. 투자자들이 몰리는 아파트나 상가와는 달리 토지는 경쟁자가 없는 블루오션 시장입니다. 주변에 토지에 투자한 경험이 있는 사람이 있나요? 아마 없을 것입니다. 토지를 공부하고 투자한다면 경쟁 없는 시장에서 큰 수익을 얻을 수 있습니다.

장점 2. 추가 수익의 가능성

토지는 다른 부동산과 달리 다양한 용도로 이용될 수 있습니다. 토지 용도가 가장 높은 가치로 이용되는 것을 토지의 '최유효이용'이라고 합니다. 예를 들어 압구정 로데오거리 먹자골목에서는 음식점으로 토지를 활용하는 것이 토지의 최유효이용일 것입니다. 한국의 월가라고 불리는 여의도 오피스 권역의 토지에 고층 업무 빌딩을 짓는 것도 이와 같습니다. 토지를 최고, 최선의 방법으로 활용한다면 토지의 가격은 상승합니다.

논밭으로 사용하고 있는 땅을 건물을 세울 수 있는 나대지(裸垈地)로 지목변경을 하면 토지의 가치는 상승합니다. 마찬가지로 주차장으로 쓰이는 잡종지에 창고를 지어 월세를 받을 수 있습니다. 이를 '개발행위'라고 합니다. 개발행위를 통해 토지의 가치를 증진시키고, 추가 수익을 올릴 수 있습니다.

장점 3. 대출받기 쉽다

토지는 주택에 비해 대출받기가 매우 쉽습니다. 주택의 경우 은행권은 주택담보대출비율(LTV)을 규제합니다. 구매하려는 주택의 감정가가 5

억 원일 경우 LTV가 60%일 때는 3억 원, 30%일 경우 1억 5,000만 원이 대출 가능 금액입니다. 이뿐만이 아닙니다. 총부채원리금상환비율(DSR)이라는 규제도 추가로 도입되어 주택담보대출 이외에 개인이 가진 모든 대출 정보를 합산해서 대출 상환 능력을 심사합니다. 신용 대출, 자동차 할부, 카드론, 심지어 학자금 대출까지 모든 대출과 이자를 더해 총소득액을 비교해 심사합니다. 연 소득은 동일한데 금융 부채의 금액은 기존보다 커지기 때문에 대출 한도가 대폭 줄어듭니다.

이에 비해 토지의 대출은 소득이 일정하고 신용도가 높다면, 최대 80%까지 승인됩니다. 사업자등록을 한 사업자라면 대출 승인이 더 쉽습니다. 또 원리금을 갚아야 하는 타 대출과는 달리 토지담보대출은 대출 기간 동안 이자만 갚다가 매도할 때 원금을 갚아버리면 되기 때문에 부담이 적습니다.

농지의 경우 토지가 위치한 곳의 지역 농협이 그 토지에 대해 잘 알기 때문에 대출이 유리합니다. 임야의 경우에는 산림 조합의 조건이 좋았습니다. 가장 좋은 방법은 토지 등기부등본을 구해 대출을 해준 기록이 있는 은행 지점에서 대출을 받는 것입니다. 대출 금액이 기록에 남아 있기 때문에 수월하게 받을 수 있습니다.

단점 1. 가격이 부정확하다(실거래가가 없다)

세상에 완벽한 것이 없듯 토지도 단점이 존재합니다. 가장 큰 단점은 가격이 부정확하다는 것입니다. 같은 지역 토지여도 각각 다른 특징이 있습니다. 지목에 따라 다르기도 하고 용도지역, 용도지구, 용도구역에 따라 다른 가치를 가집니다.

그리고 토지의 모양도 가격에 영향을 미칩니다. 네모반듯하게 이쁘게 되어 있는 토지나 분할하기 좋은 토지는 삼각형의 못생긴 토지보다 좋은 가격을 받습니다. 즉 토지 중 버리는 부분이 없어야 좋은 토지입니다.

이 세상에 똑같은 위치에 2개의 토지는 존재하지 않습니다. 동일 위치, 동일 면적의 주택은 실거래가가 정확히 존재하지만, 토지는 인근 위치의 토지 거래 가격만 알 수 있고, 심지어 분할한 토지의 가격은 전혀 알 수 없습니다.

그렇기 때문에 토지에 대한 정확한 지식을 갖거나 전문가의 도움을 받아야 합니다.

단점 2. 유동성이 낮다

토지는 주택에 비해 매도가 어렵기 때문에 유동성이 낮습니다. 하지만 상대적으로 어렵다 뿐이지 매도가 불가능하지는 않습니다. 대부분의 토지주들은 자신이 생각하는 매도가가 있기 때문에 일정 가격 이하로는 팔지 않으려는 경향이 있습니다. 아파트는 매수 수요가 많기 때문에 굳이 가격을 깎을 필요가 없고 다음 매수자를 기다리면 되지만, 토지의 경우 수요가 적기 때문에 협상에 긍정적으로 응할 필요가 있습니다. 매수자를 놓쳐 몇 년을 고생할 바에야 평당 5만 원, 10만 원을 깎아줘 거래를 성사시키고 매도한 금액으로 다른 유망 토지를 매입하는 것이 기회비용 측면에서 좋습니다.

토지 한 필지의 크기는 다양한데, 1평도 안 되는 토지부터 10만 평이 넘는 토지도 존재합니다. 토지는 규모가 클수록 유동성이 낮아집니다. 평당 1만 원이라고 하더라도 10만 평이면 총액이 10억 원이기 때문에 매수하기에는 부담이 됩니다. 그렇다면 토지를 분필(분할)하는 방법을 사용하면 됩니다. 면적이 큰 필지를 둘 이상의 필지로 나누는 것을 '분필'이라고 하는데, 분필을 하면 평당 높은 가격을 받을 수 있을 뿐만 아니라 빠르게 매도할 수 있다는 장점이 있습니다. 토지를 분할하기 위해서는 분할측량 성과도와 토지분할신청서를 함께 해당 관청에 제출하면 됩니다.

토지 투자는 단점이 존재하지만, 단점을 해결할 방법이 존재하기 때문에 방법을 알면 어렵지 않게 투자할 수 있습니다.

지목변경과 개발행위

내가 가진 땅의 가격(가치)을 올리고 싶다면 어떻게 해야 할까요? 대부분은 '땅에 건물을 지으면 된다'라고 답하실 것 같습니다. 맞습니다. 정답입니다. 그런데 아무 땅이나 건물을 지을 수 있을까요? 내가 가진 땅이 논밭이나 산이라면 시청이나 군청에 허가를 받아야 합니다. 이를 우리는 지목변경 및 형질변경이라 하고, 이런 작업을 '개발행위'라고 부릅니다. 토지에 건축물을 올리는 절차를 시간 순서대로 나열하면 다음과 같습니다.

개발행위 허가 → 형질변경 → 건축 공사 → 지목변경 신청

1. 개발행위 허가

전이나 답과 같은 농지를 대지로 바꾸거나 임야를 전이나 답으로 바꾸기 위해서는 개발행위 허가를 받아야 합니다. 이를 농지 전용 허가와 산지 전용 허가라고 부릅니다. 허가를 받기 위해서는 전용 부담금이 발생합니다.

농지 전용 부담금 = 전용 면적 X (개별 공시지가 X 30%)

※개별 공시지가 X 30%의 상한 금액은 5만 원입니다.

예를 들어 평택의 100평($330㎡$)의 고구마밭을 창고를 지을 수 있는 대지로 허가를 받아 보겠습니다. 토지의 개별 공시지가가 300,000원이라면 다음과 같이 계산할 수 있습니다.

농지 전용 부담금 = 330 X (300,000 X 30%) ≠ 29,700,000만 원

(상한 금액 5만 원 적용) = 16,500,000만 원

산지 전용 부담금(대체산림자원조성비) =

산지 전용 또는 일시 사용 허가 면적 X 단위 면적당($㎡$) 금액

※단위 면적당($㎡$) 금액 = 산지별·지역별 단위 면적당 산출 금액

+ 개별 공시지가의 1%

2024년 기준 산지별·지역별 단위 면적당 산출 금액은 다음 표와 같습니다(매년 금액이 달라지니 산림청 고시를 참고하세요).

준보전산지	8,090원/$㎡$
보전산지	10,510원/$㎡$
산지 전용 일시 사용 제한 지역	16,180원/$㎡$

예를 들어 보겠습니다. 나만의 별장을 짓기 위해서 가평에 준보전산지의 면적 300평(990㎡), 개별 공시지가 100,000원의 땅을 형질변경하려합니다. 부담금을 계산해보겠습니다.

대체산림자원조성비 = 990 X (8,090 + 1,000) = 8,999,100원
준보전산지 개별 공시지가 1%
※2024년 7월 기준

이렇게 농지와 산지 부담금을 계산해봤는데요. 과거에는 나무가 없고 비교적 깔끔한 농지를 더 선호했지만, 요즘 디벨로퍼들은 전용 부담금이 저렴한 임야를 선호하는 추세입니다.

2. 형질변경

형질변경은 절토(땅깎기), 성토(흙 쌓기), 정지, 포장 등의 방법으로 토지의 모양을 변경하는 행위를 말합니다. 즉, 임야를 밭으로 만들거나, 논밭에 건축물을 지을 수 있는 땅으로 바꾸는 작업을 의미합니다. 형질변경을 위해서는 용도지역별 면적의 제한이 있는데, 이는 다음 표와 같습니다.

주거지역·상업지역·자연녹지지역·생산녹지지역	1만㎡ 미만
공업지역·관리지역·농림지역	3만㎡ 미만
보전녹지지역·자연환경보전지역	5천㎡ 미만

3. 건축 공사

토지에 개발행위 허가를 받고 형질변경을 완료했다면 변경한 용도로 공사를 하게 됩니다. 주의할 점은 농지 전용 허가를 받은 후 2년 후 착공, 착공 후 1년 안에 준공하지 않으면 허가가 취소됩니다.

4. 지목변경 신청

건축이 마무리되면 지자체에 지목변경을 신청하게 됩니다. 지목변경까지 완료되면 모든 절차가 완료됩니다. 하지만 국가는 지목을 바꿈으로써 토지의 가치가 상승했다고 보기 때문에 2가지 세금을 부과하게 됩니다. 하나는 지목변경 취득세, 다른 하나는 개발부담금입니다.

이렇게 세금까지 납부를 끝마치면 비로소 마무리됩니다. 절차상으로는 간단해 보이지만, 현실적으로는 시간과 비용 등의 문제가 발생합니다. 지목변경을 하기 전에는 해당 지자체의 도시개발과에 문의하고, 토지 주변 건축사에 자문을 구해야 합니다.

용도지역·용도지구·용도구역이란?

부동산 공부가 싫은 이유 중 가장 큰 것이 바로 공법적 용어 때문입니다. 비슷한 단어여서 더 헷갈리죠. 이 책에서는 자세한 개념 설명은 하지 않겠습니다만, 투자에 꼭 필요한 정보 위주로 콕 집어서 알려드리겠습니다.

용도지역
• 도시지역, 관리지역, 농림지역, 자연환경보전지역

용도지구
: 토지와 건축물 사용 방식 관리 및 제한
• 경관지구, 고도지구, 방화지구, 방재지구, 보호지구, 취락지구, 개발진흥지구, 특정용도제한지구, 복합용도지구

용도구역
: 무질서한 시가화 확산 방지
• 시가화조정구역, 도시자연공원구역, 개발제한구역(그린벨트), 수자원보호구역/수산자원보호구역, 입지규제최소구역

용도지역 중 도시지역은 인구와 산업이 몰리는 지역으로 개발이 됐거나 가장 먼저 개발이 되는 지역입니다. 도시지역 중 녹지지역은 보전녹지지역, 생산녹지지역 그리고 자연녹지지역으로 나누어져 있습니다. 보

전녹지지역은 절대 매수 금지 지역입니다. 투자 가치가 있는 지역은 자연녹지지역으로, 자연녹지지역은 건축행위가 가능하면서도 시가화예정용지로 지정될 가능성이 높습니다.

관리지역은 도시의 인구와 발전을 위해 도시지역의 계획에 맞춰 체계적으로 관리가 필요한 지역입니다. 도시지역에 비해 저렴하나 개발 가능성이 높기 때문에 투자 가치가 가장 높습니다. 관리지역은 보전관리지역, 생산관리지역, 계획관리지역으로 나뉘는데, 보전관리지역은 자연 보전이 목적이기에 건축행위가 제한됩니다. 즉 투자 가치가 적다고 할 수 있겠네요.

눈여겨봐야 할 것은 계획관리지역입니다. 계획관리지역은 도시지역 편입이 예상되는 지역임과 동시에 계획적·체계적으로 관리가 필요한 지역입니다. 타 용도지역에 비해 개발 가능한 범위가 넓고, 수용으로 인한 토지 보상도 가장 많이 나오는 지역입니다.

자료 3-6. 지적도와 위성 사진 비교

출처 : 카카오맵

앞의 사진은 같은 지역을 지적도와 위성 사진을 비교한 것입니다. 빨간 원은 계획관리지역입니다. 창고나 단독주택이 들어서 있는 것이 확인되지요. 계획관리지역은 음식점, 창고, 공장, 2종근린생활시설과 같은 수익형 건물을 지을 수 있기 때문에 투자 가치가 타 지역보다 높습니다.

파란 원을 보시면 구역 정리가 된 논입니다. 농림지역으로 투자 가치가 없다고 볼 수 있습니다. 이런 땅을 잘못 사면 개발도 불가능하고, 팔지 못하는 애물단지가 될 수 있습니다.

자연환경보전지역은 용어처럼 자연환경을 지켜줘야 하는 곳을 지정한 것입니다. 자연환경, 수자원, 생태계, 문화재 등을 보전하고, 수산 자원을 보호 및 육성하기 위해 정부가 법으로 정해둔 지역입니다. 자연환경보전지역은 농림지역과 함께 투자 가치가 없습니다.

다음은 용도지구를 알아보겠습니다.

용도지구는 토지의 이용이나 용도, 건폐율, 용적률 그리고 높이를 제한하거나 완화하기 위해 만들어진 개념입니다. 용도지구는 총 9가지가 있습니다. 경관지구, 고도지구, 방화지구, 방재지구, 보호지구, 취락지구, 개발진흥지구, 특정용도제한지구, 복합용도지구입니다.

용도지구에서는 딱 한 가지만 알아 두시면 됩니다. 바로 '취락지구'인데요. 취락이란 인간의 생활 근거지인 주거지를 뜻합니다. 취락지구는 집단취락지구와 자연취락지구로 나뉘는데, 집단취락지구는 개발제한구역 내에서, 자연취락지구는 녹지·관리·농림·자연환경보전지역 내에서 지정한다는 점에서 다릅니다.

취락지구는 자연환경 내의 주거지를 한곳으로 모아 마을을 형성하고 난개발을 막기 위해 지정됩니다. 마을을 형성하는 것이 목적이기 때문에 다른 지역보다 건축을 쉽게 할 수 있도록 건축 제한이 완화됩니다. 자연취락지구의 건폐율은 60%로, 타 용도지구에 비해 규제가 완화되어 건물을 더 넓게 지을 수 있습니다.

　　마지막으로 용도구역입니다. 용도구역은 시가지의 무질서한 확산 방지와 계획적이고, 단계적인 토지 이용을 위해 도시관리계획으로 결정하는 지역입니다. 대표적으로 그린벨트(개발제한구역)가 있습니다. 이 외에 도시자연공원구역, 수자원보호구역, 시가화조정구역 그리고 입지규제최소구역이 있습니다.

자료 3-7. 투자해도 되는 용도와 안 되는 용도

투자해도 되는 용도	투자하면 안 되는 용도
계획관리지역	농림지역
생산관리지역	자연환경보전지역
생산녹지지역	보전관리지역
자연녹지지역	보전녹지지역
자연취락지구	공익용산지
집단취락지구	개발제한구역(그린벨트)

이렇게 용도지역과 용도지구, 용도구역을 알아봤습니다. 그리고 투자해도 되는 용도와 안 되는 용도도 알아봤는데요. 더 중요한 것은 실전에서 어떻게 써먹느냐입니다. 투자하기 전 '토지이용계획확인원'을 꼭 확인해야 합니다.

토지이용계획확인원 열람 방법

토지이음 홈페이지에서 열람하고자 하는 토지의 지번을 입력합니다.
열람 버튼을 누르면 다음과 같은 자료를 볼 수 있습니다.

출처 : 토지이음

소재지의 지목과 면적, 개별공시지가가 표시됩니다. 또한 지역지구의 지정 여부도 확인할 수 있습니다. 이 토지는 계획관리지역, 자연취락지구이고, 가축사육제한구역입니다. 이를 통해 건폐율 40%에 용적률 100%인 약 2층 건축물을 지을 수 있다는 것을 알 수 있지요.

나무가 아닌 숲을 보기, 국토종합계획

국토종합계획의 배경

1945년 8월 15일, 제국주의 일본이 패망하고 우리나라가 식민 지배에서 벗어나 해방됐습니다. 하지만 곧바로 1950년 한국전쟁이 발발했고, 이로 인해 한반도는 둘로 나뉘었습니다. 전쟁 3년 동안 폐허가 된 한국을 보고, 미국의 한 언론은 "한국의 경제 성장이 이루어지는 것을 기대하는 것은 쓰레기통에서 장미가 피는 것을 기대하는 것과 같다"라고 평가했습니다.

전쟁 직후 20년 동안 북한의 경제력은 남한보다 우위에 있었습니다. 1960년 북한의 1인당 GNI(국민총소득)는 137달러로 남한(94달러)보다 1.6배 높았습니다. 북한은 일찍이 공업 부문의 대규모 투자로 한국보다 빠른 경제 성장을 이뤘습니다.

1960년대 한국의 핵심 사업은 경공업 제품들을 수출하는 것이었습니다. 자원도, 기술력도 없었던 한국에서 유일하게 할 수 있는 일은 의복과 같은 섬유 제품을 파는 일뿐이었습니다. 수익이 낮지만 값싼 노동력을 통해 성장했던 경공업은 1960년대 후반 베트남과 파키스탄과 같은 후발 개도국들이 더 저렴한 노동력으로 경공업 수출에 뛰어들면서 내리막 길을 걷기 시작했습니다.

설상가상으로 1960년대 후반에 리처드 닉슨(Richard Nixon) 미국 대통령은 '닉슨독트린*'을 발표했고, 주한 미군의 단계적인 철수가 계획됩니다. 당시 한국은 사전 협의가 없었다는 이유를 근거로 한미상호방위조약 위반이라고 반대했지만, 미국은 주한미군 2개 사단 중 하나인 7사단을 철수시켰습니다. 주독 미군(주군 독일), 주일 미군(주군 일본)은 철군은커녕 감축 이야기도 나오지 않는데도 미국은 북한과 대치 중인 한국에 주둔 중인 군인들을 철수시킨 것입니다.

박정희 대통령은 이때 자주국방과 함께 중화학 공업 육성을 추진했습니다. 이 결정은 결과적으로 선진국으로 가기 위한 '막차'에 탑승한 것이 됐습니다. 이때 국토종합개발계획도 함께 시작됐습니다.

국토개발사업이 추진된 것은 1960년대로 거슬러 올라갑니다. 정부는 소양강댐과 춘천댐 건설을 비롯한 도로 건설과 농지 개간을 포함하는 건설 계획을 발표했습니다. 당시에는 경제적으로 열악해 미국의 지원을 통해 사업을 진행시키려 했으나, 5·16 군사정변으로 인해 중단됐습니다.

---

* 닉슨 대통령이 1969년 발표한 외교 정책으로 세계 각지에서의 미국의 군사 개입을 줄이고 동맹국의 방어를 미국이 직접 책임지지 않는다는 점을 골자로 한다. 이러한 논리를 바탕으로 닉슨 행정부는 주한 미군의 감군을 추진했고, 한미 갈등이 격화됐다.

출처 : 국가기록포탈

이후 중화학 공업 기지인 남동임해공업 벨트 설치를 골자로 한 제1차 국토종합개발계획이 발표됐고, 고속도로 건설과 공업단지 건설 등 종합 개발을 목표로 했습니다. 이후 국토종합개발계획은 10년마다 발표됐고, 제4차 국토종합계획 이후로 20년 주기로 발표되고 있습니다. 제5차 국토종합계획(2020~2040)은 2019년 12월에 발표됐습니다.

제5차 국토종합계획(2020~2040)

국토종합계획은 헌법 제120조 제2항에 근거한 최상위 국가공간계획입니다. 시와 군·구는 최상위 계획인 국토종합계획을 바탕으로 도시기본계획을 만들고, 수도권정비계획을 만듭니다. 수차례의 계획을 거치면서 나타난 국토종합계획의 문제점은 '불균형'이었습니다. 산업 개발을 중심으로 발전을 거듭하면서, 자연스럽게 지역 간 격차가 발생했습니다. 수도권과 비수도권, 구도심과 신도심의 격차 등은 갈등을 유발하는 원

인입니다. 국토의 불균형을 해소하고 균형 잡힌 발전을 하는 것이 계획의 첫 번째 목표입니다.

두 번째는 인구 감소에 대한 대응입니다. 인구 감소는 대한민국에서 피할 수 없는 문제입니다. 인구가 줄면 도시는 발전이 멈추고 슬럼화됩니다. 기반 시설 수요는 감소하고 낙후됩니다. 앞으로 인구 감소 문제는 국가의 생존이 달린 중차대한 문제로, 이에 대응하기 위한 정부의 목표가 종합계획 속에 담겨 있습니다.

국토종합계획 속 인구

통계청에 따르면, 우리나라는 2020년에 인구 정점(5,184만 명)을 찍고 인구가 감소하기 시작해, 2072년에는 3,017만 명으로 축소됩니다. 드라마틱한 변화가 없다면 인구 감소는 필연적입니다. 인구 감소 시대에 역행하는 무분별한 개발은 더 이상 의미가 없습니다. 정부는 적정 개발과 관리를 통해 '집약적인 개발'을 하겠다고 발표했습니다.

국토종합계획에서는 녹색국토, 녹색교통이라는 단어를 사용하는데, 도심 지역을 교통을 중심으로 개발하는 TOD(Transit Oriented Development, 대중교통 지향형 개발) 방식을 차용할 것으로 보입니다. TOD의 핵심은 역세권과 '집약도시'입니다. 즉 앞으로는 중추 거점 도시를 중심으로 발전할 것입니다.

자료 3-9. 국가균형발전 프로젝트

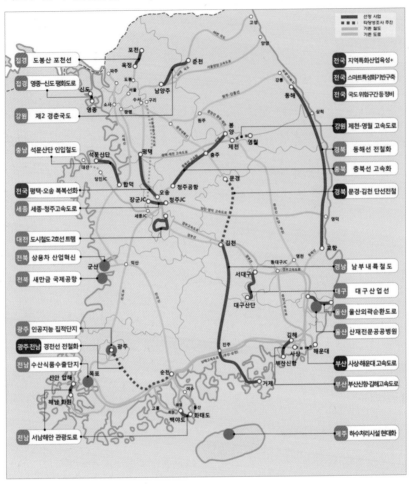

출처 : 국가균형발전위원회

행복도시와 혁신도시 그리고 새만금

국토종합계획에서 제시하는 중추 거점 도시는 행복도시, 혁신도시, 새만금입니다.

1. 행복도시

행복도시는 행정복합도시인 세종특별자치시를 의미합니다. 정부는 세종시를 국토의 균형 발전을 위한 핵심 도시로 발전시키는 것을 국가 균형 발전이라고 봅니다. 앞으로 서울 및 수도권에 남아 있는 정부 기관은 세종시로 빠르게 이전될 것입니다. 최종적으로는 국회의사당과 대통령실도 이전할 가능성이 매우 큰데, 실제로 2023년 8월 '국회 세종의사당' 설립에 대한 규칙이 통과되면서 2030년 설립이 예정됐습니다. 여당과 야당 모두 행정 기관의 세종시 이전에 초당적 합의를 이룬 만큼, 세종시는 국가 균형 발전에 중추적인 역할을 할 것으로 기대됩니다. 행복도시의 발전은 수도권 과밀화 문제를 일정 부분 완화하고, 지역 간 불균형을 해소하는 데 기여할 것으로 보입니다.

2. 혁신도시

혁신도시는 공공기관 지방 이전을 통해 성장 거점 지역에 조성되는 미래형 도시로, 지역의 성장 동력을 창출하는 특성화 도시를 의미합니다. 지방으로 이전된 공공기관과 함께 대학, 연구소, 산업체, 지자체 등 산·학·연·관이 협력해 인구 소멸을 막고, 도심 공동화 현상*을 방지할 것으로 기대됩니다.

국토종합계획은 인공적으로 도시를 건설해 인구를 이동시키는 신도시보다는 지역과 연관된 관청이 이전해 산학연이 자유롭게 협력하는 도

---

* 도시의 중심부나 도심 지역의 인구가 줄어들고 상업 활동이 위축되어, 그 결과로 도넛처럼 도심 중심이 비어가는 현상을 의미한다. 공동화가 진행된 도심 지역은 대체적으로 치안이 나쁜 편인데, 서울의 경우 종로구와 중구가 해당한다.

시를 꿈꿉니다. 국토교통부는 10개의 지역별 혁신도시를 4가지 유형으로 건설해, 도시 및 지역별로 특색 있는 개발을 추진합니다.

자료 3-10. 혁신도시별 발전 테마와 주요 사업

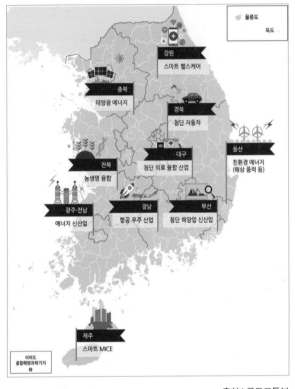

출처 : 국토교통부

혁신도시 발전 계획에 반영된 혁신도시별 발전 테마와 주요 사업은 다음과 같습니다.

• 부산 혁신도시

부산은 대한민국 남동단에 있는 국내 최대의 항구 도시로, 항만을 기반으로 성장한 우리나라 제2의 도시입니다. 바다에 인접한 지리적 특성을 이용해 해양 플랜트 연구개발특구가 있으며, 국립해양조사원과 해양과학기술원과 같은 해양 관련 공공기관을 이전해 첨단 해양 신산업을 육성할 계획을 갖고 있습니다.

• 대구 혁신도시

대구는 대한민국 동남부 내륙에 위치한 광역시로, 광역시 중 면적이 가장 넓습니다. 첨단의료복합단지와 의료연구개발특구가 지정되어 있는 대구 혁신도시는 의료 및 제약 바이오 관련 기업 118개 사가 입주해 있습니다. 대구는 첨단 의료 융합 산업을 특화발전 테마로 선정했습니다.

• 광주·전남 혁신도시

광주광역시와 전라남도가 공동으로 유치한 광주·전남 혁신도시는 전라남도 나주시에 있습니다. 한국전력공사와 한전KPS, 한국전력거래소와 같은 에너지 관련 공공기관이 있어 에너지 신산업 육성에 주력하는 도시입니다. 에너지 사이언스 파크를 조성하고, 에너지 관련 기업과 연구소 유치를 적극적으로 추진할 예정입니다.

• 울산 혁신도시

부산과 인천에 이은 제3의 항구 도시인 울산은 대한민국 최대 공업 도시입니다. 침체된 조선·해양 플랜트 산업의 신사업 영역을 발굴하기 위해 조선·해양 플랜트 산업 기반을 활용할 수 있는 부유식 해상풍력 발전 산업을 육성시킬 계획입니다. 부유식 해상풍력 발전 관련 기술 개발을 위해 테스트베드를 구축하고, 실증연구센터를 건립할 예정입니다.

• 강원 혁신도시

강원도는 대한민국의 두 번째 특별자치도로 면적 대부분이 산이며, 태백산맥을 기준으로 동쪽은 영동, 서쪽은 영서로 구분됩니다. 강원 혁신도시는 영서 남부의 거점 도시인 원주시에 위치합니다. 국민건강보험공단과 건강보험심사평가원 등 건강과 생명 관련 공공기관과 인근의 의료기기 테크노밸리, 첨단의료기기단지 등 스마트 헬스케어 산업 육성을 추진할 계획입니다.

• 충북 혁신도시

충청북도는 전국 최초의 태양광 특구로, 한화큐셀 등 앵커기업을 포함한 다수의 태양광 기업 69개가 위치합니다. 특히 혁신도시 내에 태양광 기술지원센터와 연구기관이 있어 태양광 에너지 산업을 육성하기에 최적의 조건을 가지고 있습니다.

• 전북 혁신도시

전라북도에는 농촌진흥청과 국립농업과학원 등 농생명 관련 공공기관과 농생명 연구개발특구가 있습니다. 인근의 익산(국가식품 클러스터), 김제(종자농기계 클러스터), 정읍(미생물 클러스터) 등 지역 간 연계성을 고려해 농생명 산업을 특화발전 산업으로 선정했습니다.

• 경북 혁신도시

경상북도는 880여 개의 자동차 관련 기업과 차량용 임베디드 기술 연구원이 있습니다. 한국도로공사 및 교통안전공단과 같은 자동차 관련 공공기관과 첨단 자동차 부품 기업이 입주해 있어 첨단 자동차 산업 육성에 특화됐습니다.

• 경남 혁신도시

경남 혁신도시는 진주, 사천에 한국항공우주산업(KAI)과 40개의 협력 업체가 입주한 항공 국가산업단지가 있습니다. 한국산업기술시험원 산하 항공전자기기술센터, 항공국방기술센터 등 항공 우주 관련 연구소도 있어 항공 우주 산업을 집중해 육성할 계획입니다.

• 제주 혁신도시

제주 혁신도시는 제주도가 가진 천혜의 관광 자원을 이용해 제주 컨벤션센터와 제주컨벤션뷰로 등 MICE 지원 기관을 통해 '스마트 MICE'를 육성할 계획입니다. MICE 발전협의체를 구성하고 공간 서비스, 공유 시스템을 구축해 새로운 비즈니스 모델 발굴을 지원합니다. 마을의 유휴 공간을 리모델링하고, 방문객 맞춤형 관광 플랫폼을 구축해 지역을 발전시킬 예정입니다.

또한 전기차 충전 시설과 태양광 발전 시설 등을 포함한 렌터카 하우스를 건립하고, 차세대 지능형 교통 시스템(C-ITS) 구축, 범죄 예방형 도시 환경 정비 등 안전한 환경도 조성 예정입니다.

앞의 10개 혁신도시를 신성장 거점으로 만들어 인구를 집중시켜 지역 발전을 꾀하는 것이 국토종합계획의 핵심입니다.

3. 새만금

새만금은 전북 군산시, 김제시 그리고 부안군 일부를 포함하는 개발 사업으로 409㎢ 규모의 간척 사업입니다. 새만금의 면적은 서울의 2/3, 파리의 4배이며, 미국 맨해튼의 5배입니다. 이렇게 광활한 면적을 자랑 하는 새만금은 독립적인 경제 권역으로서 잠재력이 어마어마합니다. 서 해안 산업벨트에 위치했을 뿐만 아니라 연간 200만 명의 관광객이 찾는 변산반도 국립공원을 포함하는 관광벨트에 속합니다. 새만금은 공공주 도 매립, 재생에너지 클러스터 조성 등을 통해 일자리를 창출하고, 지역 경제 활성화를 촉진하는 환황해권의 경제 중심 지역으로 육성될 계획입 니다.

새만금개발청은 개발 완료 시 총 유발인구를 70만 명으로 보고 있으 며, 경제적 파급효과는 50조 원으로 예상합니다.

1991년에 첫 삽을 뜬 새만금 사업은 환경 단체의 반발과 각종 소송 에 휘말리며 정권이 바뀔 때마다 외면 받아왔습니다. 하지만 2008년 '새 만금사업 촉진을 위한 특별법'이 시행되면서 정부 차원의 로드맵이 만들 어졌고, 박근혜 정부와 문재인 정부를 거쳐 새만금개발청과 새만금개발 공사가 설립됐습니다. 윤석열 정부 출범 이후 대통령이 직접 "기업이 바 글거리는 곳으로 만들겠다"라고 말하며, 투지진흥지구 지정과 규제 완 화로 기업의 투자가 이어졌습니다. LG화학, LS그룹, SK와 같은 국내 대 기업뿐 아니라 일본 도레이, 중국 화유코발트와 같은 외국계 기업의 투자를 유치해 6조 6,000억 원의 실적을 거뒀습니다.

하지만 새만금 잼버리 대회의 파행으로 새만금 신공항과 철도, 도로 등 SOC 사업 적정성 재검토 필요성이 제기됐고, 정부 예산안에서 새만금 관련 예산이 70% 삭감됐습니다. SOC 건설에 차질이 생기면 기업 입장에서는 투자를 철회하거나 사업 철수를 고려할 가능성이 높습니다. 적정성 검토를 통과한다고 하더라도 사업이 늦어지거나 정부 입장이 번복된다면 기업들은 불안감에 발을 뺄 것입니다. 또한 새만금 사업 중 관광 레저 권역은 중국 자본 유치를 염두에 두고 구상했던 권역인 만큼, 중국과의 정치적인 리스크도 고려해야 할 부분입니다.

국토종합계획 속 교통

부동산의 핵심은 입지이고, 입지를 만드는 것은 교통망입니다. 제5차 국토종합계획이 보여주는 '황금열쇠'인 교통망을 알아보겠습니다. 정부의 교통 정책의 핵심은 '국가철도망 구축을 통한 이동성 강화와 효율적 운영'입니다. 정부는 전국을 촘촘한 철도망으로 연결하고자 하고, 효율적이고 전략적인 운영을 위해 광역 교통 거점 지역을 활용합니다. 즉 도시 내 거점으로 삼을 역세권을 발굴하고 역세권 중심으로 개발한다는 것입니다.

앞으로 투자의 핵심은 중추 거점 지역의 공통된 역세권을 찾는 것입니다. 소멸하고 있는 지방 도시 중에서 절대 소멸하지 않고, 거점 지역의 역세권으로 정부 지원하에 성장할 곳 말입니다. 먼저 고속철도(KTX) 철

도망 노선도를 알아본 후, 국가철도공단의 제4차 국가철도망 구축계획
(2021~2030)을 확인해보겠습니다.

자료 3-11. 2015년 핵심 KTX 노선

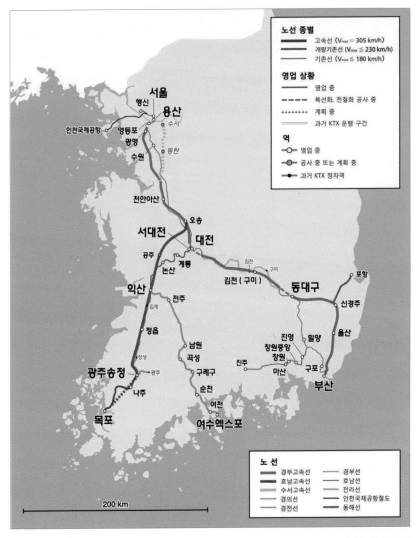

출처 : 위키피디아

자료 3-11은 지금으로부터 약 10년 전인 2015년 핵심 KTX 노선입니다. 노선도를 보면 서울-대전-목포와 서울-대전-부산 2개의 노선이 Y자형으로 연결되어 있습니다. 국토의 남서쪽과 북동쪽이 연결되지 않아 강원도로 진입하기 어렵습니다.

　이번 제5차 국토종합계획에서는 균형 발전을 위한 X자형 국가철도망 구축을 계획했습니다. 계획의 실현을 위해 정부는 제4차 국가철도망 구축계획을 발표했는데, 자료 3-12를 보면 국토 전체를 촘촘한 거미줄처럼 연결한 것을 알 수 있습니다.

자료 3-12. 제4차 국가철도망 구축계획

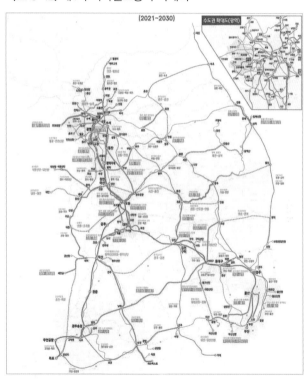

출처 : 국가철도공단

국가철도망계획은 향후 10년을 내다보고 만든 계획이라 곧바로 진행하는 사업은 아니지만, 10년 이내에 추진을 시작한다는 목표를 갖고 있습니다. 속단하기는 이르지만, 충청도를 중심 거점으로 수도권과 호남, 영남 그리고 강원도가 이어질 것이라고 예상됩니다. 국토의 중심이자 경부선과 호남선의 분기점인 오송역이 교통망의 중심이 됩니다.

　　즉 제5차 국토종합계획의 목표는 오송역을 중심으로 강원도까지 연결되는 철도망을 구축하겠다는 것입니다. 이를 '강호축' 개발이라고 하는데, 강원-충청-호남을 잇는 계획을 말합니다.

자료 3-13. 오송을 중심으로 한 강호축 개발계획도

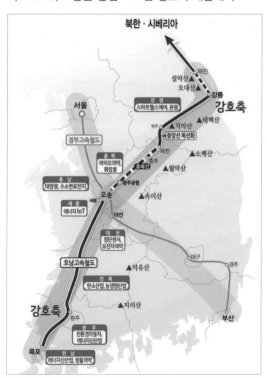

출처 : 충북도청

'강호축' 계획은 균형 발전이라는 국토종합계획의 핵심은 물론이고, 혁신도시 간 연결, 백두대간 관광벨트 활성화 등 미래 국토 정책의 모든 것을 담고 있다고 봐도 무방합니다.

제5차 국토종합계획 중 교통 정책의 핵심은 역세권을 중심으로 거점 도시를 발전시키는 것입니다. 그리고 국가철도망을 '강호축'을 기반으로 강원도까지 연결할 것입니다. 가장 중요한 핵심은 국가철도망계획에서 예상되는 트리플 역세권은 오송역이라는 것입니다. 국토종합계획은 20년의 계획으로 2040년까지 시간이 남아 있는 만큼 장기적으로 관심을 둬야만 합니다.

이 외에도 경기 동북부의 불균형 성장의 원인인 개발행위 규제에 대한 개선 사항과 지방 원도심의 도시재생사업, 그리고 역세권 중심의 용적률 상향 방안이 국토종합계획에 모두 들어 있습니다. 투자의 기본은 정부 정책을 정확히 알고 있는 것입니다. 제5차 국토종합계획과 제4차 국가철도망 구축계획은 앞으로 독자 여러분들의 투자 나침반이자 등대가 되어줄 것입니다.

디테일하게 들여다보자, 도시기본계획

도시의 중요 시설에 대해 이루어지는 종합적이고, 기본적인 계획을 지 차제는 '도시기본계획'이라는 이름으로 발표합니다. '국토의 계획 및 이 용에 관한 법률'에 의한 최상위 계획인 국토종합계획의 내용을 기반으로 도시의 미래와 장기적인 발전 방향을 제시합니다. 국토종합계획이 추상 적인 틀을 제시한다면, 도시기본계획은 구체적인 방안을 보여줍니다. 마 치 보물 지도와 보물을 여는 열쇠라고 볼 수 있습니다.

도시기본계획은 20년을 기준으로 계획을 세우고, 5년마다 재검토합 니다. 여기에는 투자의 핵심 정보인 ① 용도지역·지구·구역 지정 및 변경 에 대한 계획, ② 도시개발사업 및 정비사업에 관한 사항, ③ 지구단위계 획 구역의 지정 및 변경이 담겨 있습니다.

2040 서울 도시기본계획 일명 '서울플랜'

먼저 서울의 도시기본계획을 확인해보겠습니다. 서울특별시의 경우 지난 2023년에 수립된 '2040 서울 도시기본계획', 일명 서울플랜을 계획하고 이에 맞춰 정책을 시행하고 있습니다.

서울시는 앞으로 다가올 서울의 가장 큰 문제를 인구 감소와 고령화로 상정하고, 글로벌 도시 및 지속 가능한 도시 구축, 노후 도시 정비와 도시 계획 규제 완화를 앞으로 20년간 서울시가 해결해야 할 목표로 잡았습니다. 이러한 목표를 달성하기 위해 서울 도시기본계획에서는 7가지 구체적인 목표를 설정했습니다. 2040 서울 도시기본계획의 7대 목표는 다음과 같습니다.

자료 3-14. 2040 서울 도시기본계획 7대 목표

구분		7대 목표	주요 내용
어디서나 누릴 수 있는 '삶의 질'	1	걸어서 누리는 다양한 일상, '보행일상권 조성'	주거·일자리·여가 문화·상업 등 다양한 일상생활을 도보 30분 내에서 향유
	2	수변 공간의 잠재력 발굴, '수변 중심 공간 재편'	물길의 잠재력을 이끌어내 지역과 시민 생활 중심으로 재편
	3	새로운 도시 공간의 창출, '기반 시설 입체화'	도심 속 새로운 공간 창출을 위한 사람 중심의 기반 시설 입체화 추진
서울의 성장 견인 '도시 경쟁력'	4	미래 성장 거점 육성·연계 '중심지 기능 혁신'	서울의 도시 경쟁력을 높이기 위한 중심지 기능 고도화 및 신성장 산업 기반 마련
	5	기술 발전에 선제적 대응, '미래 교통 인프라 구축'	신교통수단의 효율적인 정착을 위한 미래 교통 기반 시설 마련

구분		7대 목표	주요 내용
대전환 시대 미래 서울의 '가치와 방향'	6	미래 위기를 준비하는 '탄소중립 안전도시 구축'	탄소중립 도시를 위한 공간 계획의 주요 원칙, 기후 변화 및 신종 대형 재난에 대응하는 지속 가능한 서울로의 전환
	7	도시의 다양한 모습 구현, '도시계획 대전환'	미래 도시 변화에 대응하기 위한 유연한 도시계획 체계로의 전환

출처 : 국토연구원

세부적으로 뜯어보겠습니다. 먼저 '보행일상권 조성'입니다. 보행일상권은 주거지 중심으로 업무와 소비, 여가, 문화 등 다양한 활동을 도보 30분 내로 누릴 수 있는 생활권을 뜻합니다. 상위 계획인 국토종합계획이 제시하는 TOD의 개념과 연속성을 갖는 것으로 보이는데, 결국 서울도 역세권 중심으로 개발한다는 것입니다. '유연한 용도지역 계획으로 공간 효율성 극대화'라고 제시하는 것을 보니, 역세권 지역 재개발에 용적률 프리미엄을 주는 등 규제 완화의 움직임이 보입니다.

다음은 '수변 중심 공간 재편'입니다. 과거 서울은 청계천 복원 사업을 통해 구도심을 정비했을 뿐 아니라 관광으로 인한 어마어마한 경제적 효과를 얻은 기억이 있습니다. 당시 사업을 진두지휘했던 서울시장은 이후 대권가도를 달려 청와대에 가게 됐지요. 수변 공간의 재편은 결국 한강 라인의 재개발 및 재건축을 의미합니다. 동네 하천 정도는 약간의 정비를 하는 선에서 마무리되겠지만, 핵심은 한강을 끼고 있는 압구정을 비롯한 강남과 용산, 마포입니다.

높아진 금융 비용으로 인해 공급 절벽이 가시화되면서 향후 2~3년 후 서울 주택 공급 부족이 확실시되고 있는 상황입니다. 한강 변을 포함하는 재개발 및 재건축은 필수적인 만큼, 수변 지역에 주목할 필요가 있습니다. 압구정 현대아파트와 한양아파트, 신반포2차, 청담 삼익과 홍실, 대치 은마 그리고 동부이촌동의 한강맨션과 신동아아파트가 이러한 호재의 영향을 받을 것으로 보입니다.

자료 3-15. 서울 법정 하천 현황

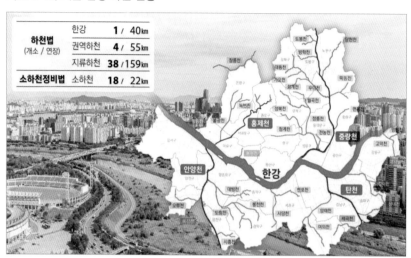

출처 : 서울시 2040 서울 도시기본계획

세 번째로 눈여겨볼 만한 것은 기반 시설 입체화, 즉 철도 지하화입니다. 서울 내 부족한 토지 공급을 늘리기 위해서는 차량기지 복합개발과 지상철도를 지하화하는 방법이 합리적입니다. 이런 계획은 제5차 국토종합계획에서도 제시하는 TOD, 역세권 개발로 인한 지역 활성화와 일맥상통합니다.

서울 시내 지상 철도 71.6㎢를 지하화하고, 서울 관내 차량 기지 13곳(88만 3,300평)을 정비한다면, 지역 활성화는 물론이고 재개발 효과까지 누릴 수 있습니다.

주요 후보지로는 경부선(서울역–당정역 구간), 경인선(구로역–인천역 구간), 경원선(청량리역–도봉산역 구간)이 거론되고 있습니다. 이미 경부선 구간은 지하화 용역이 진행되고 있기 때문에, 경부선이 지나는 구로역과 용산역 그리고 서울역이 제일 먼저 수혜를 입을 것으로 보입니다.

마지막으로는 '도시계획 대전환'입니다. 서울시는 이번 계획에서 새로운 도시 관리 방향으로 'Beyond Zoning(비욘드 조닝)'이라는 용어를 만들어 용도지역의 규제 완화를 발표했습니다. Zoning(용도지역 제한)을 넘어선다는 이 개념은 '공간혁신구역'을 통해 기존의 성냥갑 아파트에서 벗어나 아름다운 미래 도시 서울을 실현할 것으로 보입니다.

가장 먼저 적용될 것으로 예상되는 곳은 여의도입니다. 서울시는 여의도 금융 중심지에 용적률 인센티브를 줘서 용적률 1,200% 이상으로 완화시켰습니다. 여의도는 350m의 초고층 건물을 지을 수 있게 됐습니다. 여의도를 시작으로 용산 국제업무지구 또한 수혜를 받을 것으로 예상됩니다.

서울시의 도시기본계획인 서울플랜 이외에도 2035년 평택 도시기본계획, 2040년 부산 도시기본계획, 2035년 가평군 기본계획 등 각 시·군·구의 기본계획은 국토교통부가 운영하는 '토지이음'의 정보마당 속 자료실에서 찾아볼 수 있습니다.

자료 3-16. 토지이음의 자료실

출처 : 토지이음

Part 4

무조건 싸게 사라.
경매, 공매 그리고 급매

경매는 어렵지 않다

투자의 제1원칙이 무엇이라고 생각하시나요? 투자를 포함한 모든 자본 거래에서 가장 중요한 것은 '싸게 사서 비싸게 파는 것'입니다. 우리는 시장에 가면 깎아달라고 흥정을 시도합니다. 하지만 주식이나 부동산은 싸게 사기가 어렵습니다. 주식은 매도 세력과 매수 세력의 중간 가격에서 가격 체결이 이루어집니다. 삼성전자 주식을 10,000원에 사고 싶어도 살 수 없는 이유는 아무도 삼성전자 주식을 싸게 팔려고 하지 않기 때문입니다.

부동산은 어떨까요? 사실 부동산도 마찬가지입니다. 아파트의 경우 동 간 시세 차이가 존재하긴 하지만, 실거래가라는 기준으로 거래됩니다. 전국 아파트 어디든 국토교통부가 제공하는 실거래가 공개시스템에서 시세를 알 수 있습니다. 급매의 경우에도 시세의 90% 선에서 거래되는 것도 누구나 실제 거래된 가격을 알 수 있기 때문입니다. 상가나 건물, 토지 또한 감정가가 존재하기 때문에 싸게 사기가 어렵습니다.

하지만 부동산을 싸게 사는 방법이 있습니다. 매우 안전하고 합법적으로 말입니다. 심지어 이렇게 좋은 것을 대부분의 사람들은 무섭다는 이유로 하지 않습니다. 여기서는 이 경매와 공매에 대해서 알아보겠습니다.

저도 처음 경매를 접했을 때는 부정적인 생각이 들었습니다. 어렵고 복잡한 법에 대해서 잘 알아야 할 것 같고, 법적인 분석을 잘못했을 때는 피 같은 돈을 날릴 수 있을 것으로 생각했습니다. 또 빚을 못 갚아서 망한 사람의 집을 사는 것이 왠지 꺼림칙했습니다.

하지만 모두 제 오해였습니다. 사실 권리분석은 생각만큼 복잡하거나 어렵지 않습니다. 부동산 경매의 목적은 경매 물건이 낙찰되어서 빚더미에 앉은 채무자를 해방시키는 것이지, 낙찰을 어렵게 해 경매 참여자들에게 손해를 입히려는 것이 아닙니다.

법원은 소제(소멸) 주의 원칙에 의해 '말소기준권리' 이후에 있는 모든 권리를 소멸시킵니다. 다시 말해서 말소기준권리만 잘 찾으면 경매는 식은 죽 먹기입니다. 내 돈을 날릴 수 있는 위험한 경매 물건을 '특수물건'이라고 하는데, 이런 특수물건은 전문 투자자나 기업만 취급하고 여러분과 같은 일반 투자자들은 투자 인생에서 만날 일이 거의 없습니다.

권리분석이 어렵다고?

문제를 내보겠습니다. 다음 중 부동산 경매 투자에서 가장 중요한 것은 무엇일까요?

```
1번 권리분석
2번 입지분석
3번 가격
```

정답은 입지분석입니다. 그다음은 가격입니다. '왜 권리분석이 아니냐?'라고 하실 수도 있겠습니다. 부동산 경매는 특별한 것이 아니라 부동산을 사는 방법 중 하나입니다. 부동산 경매의 핵심은 좋은 입지의 부동산을 저렴한 가격에 사는 것이지, 권리분석의 달인이 되는 것이 아닙니다.

권리분석은 내 돈을 보호하는 방패입니다. 부동산 경매를 공부하겠다고 말하면서 권리분석만 몇 년을 공부하는 사람들이 있습니다. 전투에서 공격은 하지 않고, 방어에만 신경 쓰면 전쟁에서 이길 수 있나요? 경매 투자에서 권리분석은 내 돈을 안전하게 지킬 정도로만 공부하면 됩니다. 그 이상 공부할 필요가 전혀 없습니다. 이제 꼭 필요한 정보만 알고 가겠습니다.

말소기준권리 확인하기

권리분석의 핵심은 말소기준권리 찾기입니다. 말소기준권리란 부동산 경매에서 낙찰 시 인수되는 권리와 소멸되는 권리의 기준이 되는 권리인데, 말소기준권리 기준으로 이전의 권리는 인수되고, 이후의 권리는 소멸됩니다. 말소기준권리만 찾으면 사실 권리분석은 끝난 것과 다름없습니다.

말소기준권리는 (근)저당권, (가)압류, 담보가등기, (배당 요구를 한) 전세권, 강제경매개시결정으로 총 5개입니다.

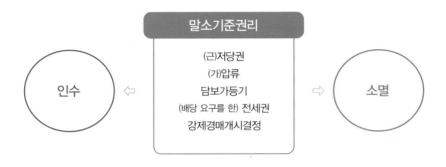

경매에 나오는 물건 중 90% 이상의 말소기준권리는 (근)저당권입니다.

"저당 잡았다"라는 말을 들어 보신 적이 있으실 것입니다. 이때 저당은 (근)저당권을 의미하는데, 주로 은행이 주택을 담보로 돈을 빌려줄 때 설정하는 권리입니다. 만약 채무자가 돈을 갚지 못하면 은행은 (근)저당권을 근거로 주택을 경매에 내놓습니다.

부동산을 살 때, 대출 없이 전부 현금으로 사는 사람은 거의 없죠? 은행은 담보 가치가 없는 부동산에 대해서는 대출을 절대 해주지 않습니다. 예를 들어 압류가 걸려 있거나 가처분, 가등기와 같은 부동산 가격에 영향을 끼치는 권리가 있는 경우입니다. 이 때문에 근저당권이 선순위 권리인 경우가 대부분입니다. 걱정할 필요가 없지요.

돈 되는 경매 물건 찾는 방법

지금까지 알려드린 '말소기준권리 찾기'는 부동산 경매의 기초 중 기초입니다. 하지만 걱정할 것은 없습니다. 기초적인 내용만으로 90%의 경매 물건을 공략할 수 있기 때문이죠. 방법을 알았으면 다음은 본격적으로 경매로 돈을 버는 방법을 알아보겠습니다.

10만 건이 넘는 경매 물건 중 돈이 되는 물건은 어떻게 찾을 수 있을까요? 경매 물건은 법원행정처에서 운영하는 법원경매정보 홈페이지에서 확인할 수 있습니다. 법원이 제공하는 자료와 함께 다양한 참고 자료를 주는 사설 경매 사이트에서도 경매 물건 정보를 찾을 수 있습니다. 사설 경매 사이트로는 스피드옥션과 옥션원, 지지옥션 등이 있습니다.

자료 4-1. 경매 정보를 확인할 수 있는 대법원 경매정보 시스템과 스피드옥션

출처 : 대한민국법원 법원경매정보

원하는 경매 물건을 소재지 용도, 가격에 따라서 검색할 수 있습니다. 경매 초보자들은 유찰이 많이 된 가격이 '싼' 물건에 관심을 두는 경우가 많은데, 이런 물건에는 함정이 도사리고 있으니 주의해야 합니다. 유찰이 많이 됐거나 미납으로 인해 재경매가 된 물건은 하자가 있거나 인수해야 할 숨겨진 권리가 있을 가능성이 농후합니다.

저도 보증금을 날렸던 뼈아픈 사례가 있는데요. 권리상 하자가 전혀 없는 오피스텔을 낙찰받았으나 조세 채권의 액수가 임차 보증금보다 많아 잔금 납부를 포기했습니다. 조세 채권의 경우 금액이 얼마인지, 세금의 종류는 무엇인지 따로 고지해주지 않기 때문에 낙찰자 입장에서는 피하기 어렵습니다. 한마디로 똥 밟은 것이었지요.

다시 말해 유찰이 많거나 재경매된 물건은 입찰 전 사건 담당 경매계에 문의해서 사건에 대한 정보를 얻거나, 권리관계 및 배당 내역을 신중하게 조사해야 합니다.

경매 시장에 '진짜 고수'는 없다?

경매 물건들을 분석하다 보니 몇 가지 패턴을 발견했습니다. 특수물건을 제외한 권리가 깨끗한 경매 물건들을 가정했을 때, 아파트의 경우에는 감정평가 금액보다 실거래가의 영향을 받는 반면, 상가와 토지는 실거래가보다 유찰률에 큰 영향을 받습니다. 아파트를 예로 들어 보겠습니다. 아파트의 경우 경기 불황기에도 감정가와 상관없이 실거래가 대비 95%에서 87% 정도에 거래가 됩니다. 감정가로 따졌을 경우 감정가 대비 85~93% 선에서 낙찰이 주를 잇는 경향이 있습니다.

아파트의 경우 투자 접근성이 높고 친숙한 상품이기 때문에 경매 참여자가 몰립니다. 하지만 실거주를 위해서 입찰하거나 전 세입자가 보증금 방어를 위해 직접 입찰하는 등 실수요자도 경매에 참여하기 때문에 유찰률과는 관계없이 낙찰이 이루어집니다.

출처 : 스피드옥션경매

출처 : 스피드옥션경매

아파트와 반대로 상가와 토지는 유찰률에 영향을 받습니다. 실거래가가 공시되는 주택과는 달리 이들은 정확한 가격을 측정하기가 어렵습니다. 분양가가 존재하는 상가의 경우에는 분양가가 감정평가의 판단 요소에 포함되는데, 수익을 볼 수 있는 적정 가격과 거리가 너무 멀죠. 이때문에 상가는 3~4번의 유찰을 거듭해서 낙찰률이 49% 선에서 거래됩니다. 경매 참여자들도 이 점을 잘 알기 때문에 신건의 상가 물건은 쳐다보지도 않고, 2회 이상 유찰될 때부터 관심을 둡니다.

토지는 일반 매매 시장은 물론, 경매 시장에서도 블루오션입니다. 투자자들의 관심이 없는 분야이기 때문에 감정가 대비 유찰률이 높고, 경쟁자도 거의 없어 단독으로 낙찰받는 사례가 많습니다. 토지는 실거래가도 불투명하고, 매물 가격도 천차만별이기 때문에 예상 낙찰가를 따져보는 데 어려움이 있습니다만, 약간의 손품과 발품을 판다면 투자 가치가 높은 물건을 발견할 수 있습니다.

토지 경매 특성상 도로가 없는 맹지거나 투자 가치가 없는 임야가 대부분을 차지하지만, 국가 보상을 받을 수 있는 토지나 개발 가능한 저평가 토지를 찾아낸다면 수익률이 극대화됩니다. 농지의 경우에는 성토가 필요한 답(논)보다는 평평한 전(밭)이 좋고, 즉시 개발이 가능한 나대지는 가격 메리트를 따져보고 입찰에 나서야 합니다.

경매에는 숨은 고수가 있으리라 생각하는 사람들이 많은데, 사실 진짜 고수는 낙찰을 많이 받는 사람이 아닌 좋은 물건을 싸게 받는 사람입니다. 경매는 높은 가격을 쓰면 누구나 낙찰받을 수 있습니다. 하지만 우리의 목표는 저렴하게 낙찰받아 수익을 극대화하는 것입니다.

이를 위해서 실제 거래된 가격과 내가 팔 수 있는 가격을 철저하게 조사하고, 엑시트 플랜(투자금 회수 계획)을 세워야 합니다. 입찰과 낙찰, 그리고 내 손에 실제 수익을 얻기까지 완벽하게 계획을 세우고 실행하는 사람이 '진짜' 고수입니다.

자료 4-2. 아파트·상가·토지별 경매 낙찰률 추이
(기간 : 2023년 6월~2024년 6월, 서울에 한함)

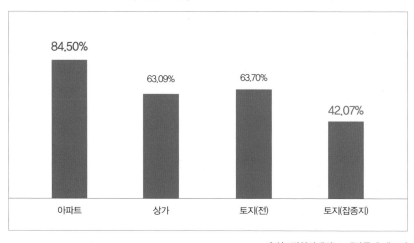

출처 : 법원경매정보, 매각통계 재구성

안전한 공매로
부동산 싸게 사기

다음은 공매입니다. 공매와 경매는 언뜻 비슷해 보이지만, 경매는 입찰하는 인원이 많고 직접 법원에 가야 하는 번거로움이 있는 반면에 공매는 상대적으로 경쟁률이 낮고 입찰이 간편합니다. 2004년 10월부터는 온라인 공매 시스템 '온비드'를 통한 인터넷 공매만 실시하고 있어, 경매와는 다르게 법원에 가지 않고 인터넷만 있으면 시공간에 상관없이 입찰할 수 있습니다.

공매란 넓은 의미로 공공기관이 보유하고 있는 자산을 처분하기 위한 공개매각(Public sale) 절차를 의미합니다. 하지만 통상적으로 투자자들이 참여하는 공매는 한국자산관리공사(캠코)에서 조세 체납된 부동산을 압류해 매각하는 것을 의미합니다.

공매, '이것'만 조심하자

캠코는 온비드의 총거래액이 100조 원을 돌파하고, 입찰 참가자는 250만 명을 넘어섰다고 밝혔습니다. 발표 내용 중 흥미로웠던 점은 법원 경매와 달리 공매는 젊은 20~30대의 참여율이 높다는 것인데요. 온비드 전체 가입자 4명 중 1명이 2030세대라고 합니다.

주식과 가상화폐를 넘어 부동산까지 재테크 열기가 확산되는 가운데 공매에도 주의해야 할 것이 있습니다. 공매에는 경매와는 달리 '인도명령제도'가 없습니다.

'인도명령제도'는 판사의 판결문 없이 결정문만으로 매입한 부동산의 점유자를 명도할 수 있는 제도입니다. 이 제도 없이 명도 소송만 있었던 과거에는 비용도 비용이지만 명도 소송 기간이 6개월 이상 걸렸는데, 인도명령제도의 등장으로 7~14일 이내로 확 줄어들게 됐습니다.

하지만 이런 효율적인 제도가 공매 사건에는 적용되지 않습니다. 공매를 진행하는 주체가 법원이 아닌 캠코이고, 근거 법령도 국세 징수법이기 때문에 인도명령 권한이 없는 것이죠. 결국 공매 시 점유자와 원만한 협의가 어려우면 명도 소송을 해야 하고, 시간이 굉장히 오래 걸리게 됩니다. 추가적으로 공매는 항고 신청 자체가 없기 때문에 이의 제기를 할 수 없다는 점도 염두에 둬야 합니다.

온비드를 활용해 공매 물건 찾기

캠코는 '온비드'라는 전자 입찰 시스템을 도입해 투자자들이 시공간 제약을 받지 않고 편하게 입찰하도록 합니다. PC 웹사이트는 물론, 스마트폰 어플로도 접속해 공매 물건을 확인할 수 있는데, 아파트와 토지, 상가부터 차량이나 회원권 같은 압류 자산도 입찰할 수 있습니다.

공매 매물을 입찰하는 방법은 경매에 비하면 너무 간단합니다. 상단 카테고리 '부동산'을 클릭하고, 원하는 지역 혹은 용도에 따라 상세 정보를 클릭한 후 검색합니다. 이후 입찰 정보를 확인하고 동의 버튼을 누른 후 입찰서 작성 후 보증금을 납부하면 입찰이 끝납니다. 이때, 한번 제출한 입찰서는 정정이 불가하니 입찰 금액을 신중하게 작성해야 합니다. 특히 보증금에 0의 개수를 맞게 썼는지 꼭 확인해야 합니다.

입찰 기한은 일반적으로 월요일 오전 10시부터 수요일 오후 17시까지이며, 개찰은 목요일 10시부터 시작됩니다. 대금 납부 기한은 금액에 따라 다른데, 3,000만 원 미만은 일주일, 3,000만 원 이상일 경우에는 30일이고, 추가로 10일의 납부 재촉 기한을 줍니다. 경매와 마찬가지로 잔금을 납부하지 않는 경우 보증금은 몰수됩니다.

경매와 공매의 차이점

경매와 공매의 가장 큰 차이점은 유찰이 됐을 경우 저감률입니다. 경매는 한 달 간격으로 20~30%씩 저감이 되어 재경매가 이루어지는 데 비해, 공매는 매주 10%씩 낮아진 금액으로 입찰이 진행되어 절차적 효율성이 높습니다. 또한 입찰 보증금에도 차이가 있는데, 최저가의 10%인 경매의 보증금과 달리 공매 물건의 보증금은 최저 입찰가의 10%입니다. 심지어 1,000만 원 이상의 물건의 경우 낙찰 대금을 최장 1년까지 분할해서 납부할 수 있다는 것도 공매의 장점입니다.

온비드에서는 물건 정보와 함께 감정평가서를 제공해 투자자가 가치 평가를 하는 데 도움을 줍니다. 하지만 경매의 감정평가서와 마찬가지로 작성 기간에 따라 평가 금액이 차이가 날 수 있고, 일부 물건의 경우 평가 사례가 부족하거나 허위 임차로 인한 오류 등 감정가가 부정확하게 평가될 수 있으니 주의가 필요합니다.

경락잔금대출받는 방법

경락잔금대출이란 경매나 공매를 통해 낙찰받은 부동산에 대해, 그 부동산을 담보로 대출받는 것을 말합니다. 부동산 투자의 핵심은 소액의 투자금으로 최대한의 이익을 내는 것입니다. 즉, 대출을 잘 받아야 투자 수익률이 높아집니다.

통상적으로 경락잔금대출은 감정가의 60%, 낙찰가의 80% 중 더 낮은 금액이 대출 한도가 됩니다. 예를 들어, 감정가 1억 원의 아파트를 6,000만 원에 낙찰받았다면, 4,800만 원(낙찰가의 80%)이 대출 금액이 되겠지요. 대략적인 대출 금액을 알면 입찰가를 쓰는 데 도움이 됩니다.

경락잔금대출은 시중의 은행에서는 잘 취급하지 않는 상품입니다. 집 근처 은행에 가도 '취급 안 한다', '잘 모르겠다'라는 이야기를 들으실 것입니다. 오히려 경매 법원 앞에 계신 대출 상담사분들의 정보가 제일 정확합니다. 잔금 대출에 베테랑이신 분들이셔서 대출 가능한 은행과 금리에 대한 정보를 많이 가지고 계십니다. 대출 상담사의 명함을 잘 보관하고 낙찰 후에 연락하면 자세한 상담을 받을 수 있습니다.

보통 농협과 새마을금고가 많은 편이고, 금리는 신용도에 따라 다르지만 토지의 경우는 4% 초반부터 5%대 중후반까지로 볼 수 있습니다. 금리만큼 중요한 것은 중도상환수수료인데, 경락잔금대출을 받은 후 전세를 맞춰 대출을 갚을 예정이라면 수수료도 잘 따져봐야 합니다. 2024년 기준으로 중도상환수수료는 2% 수준입니다.

주택의 경우는 개인의 DSR에 따라 대출이 제한되니 매수 전에 꼭 알아보고 경매에 입찰해야 합니다. 주택을 제외한 상가나 토지의 경우에는 DSR이 적용되지 않는 사업자 대출을 이용하면 여유 있게 대출을 받을 수 있습니다.

대출 규제는 언제 풀릴까

몇몇 전문가들은 현재 부동산 시장이 나아지기 위해서는 금리가 인하되어야 한다고 주장합니다. 대부분의 투자자들도 이에 공감하는 듯 보입니다. 하지만 금리가 낮아져도 대출 규제가 풀리지 않으면, 절대 부동산 가격은 상승할 수 없습니다.

대출 규제의 목적은 다름 아닌 부실화를 막기 위함입니다. 감당할 수 있는 선을 넘어버린 대출은 상환하기 어려워지고, 곧 대출의 부실화로 이어지기 때문이지요. 정부는 LTV에서 DTI로, 그리고 DSR로 대출 규제의 방향을 바꾸었습니다. 이제는 담보물의 가치가 아니라 소득 대비 원리금을 상환할 수 있는지 여부가 더 중요해진 것입니다.

부동산 매입은 일생일대에 몇 번 오지 않는 큰 지출이자 투자인데, 대출 없이 오직 내가 가진 현금만으로 사기에는 금액이 너무 큽니다. 그렇기 때문에 절대다수의 사람들이 빚을 내서(담보대출) 집을 사는 것입니다. 레버리지를 이용하는 것이죠.

일본의 경우 LTV 100%에 금리도 최저 금리를 적용해 서민들이 집을 사는 데 부담이 없게 합니다. 심지어 서브프라임 모기지론을 겪은 미국의 최대 주택담보대출 회사인 유나이티드 홀세일 모기지(United Wholesale Mortgage)는 주택 구매가의 1%만 내면 대출을 제공하는 상품을 출시했습니다. 집값의 99%를 대출해주는 셈입니다.

하지만 한국의 부동산담보대출은 관치금융하에 꼼짝도 못 하고 있습니다. 선진국 평균 LTV 기준이 85.1%임에도 불구하고, 한국은 2024년 스트레스 DSR*이란 전 세계 어디에서도 듣도 보도 못한 규제를 도입했습니다.

대체 한국은행은 무슨 생각으로 이런 규제를 하는 것일까요? 그 정답이 한국 가계 부채 속에 있습니다.

자료 4-3. 우리나라 GDP 대비 가계 부채 비율 추이 (단위 : %)

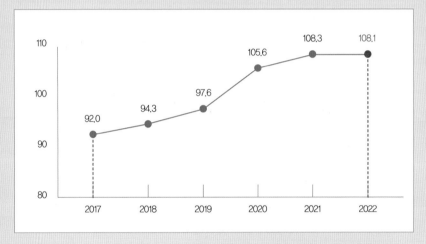

출처 : IMF 글로벌 부채 데이터베이스

---

* 변동금리 대출 등을 이용하는 차주가 대출 이용 기간 중 금리 상승으로 인한 원리금 상환 부담이 증가할 가능성을 감안해 DSR 산정 시 일정 수준의 가산금리(스트레스 금리)를 부과해 대출 한도를 산정하는 것. 스트레스 금리가 가산되면 이자 비용이 증가하기 때문에 추가 대출 한도는 낮아지게 된다.

자료 4-4. GDP 대비 가계 부채 비율 상위 10개국   (단위 : %, 2021년 2분기 기준)

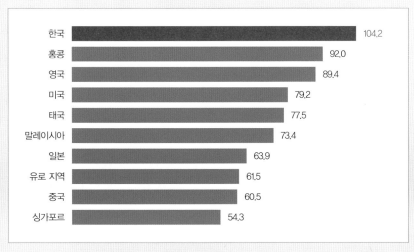

국가	비율
한국	104.2
홍콩	92.0
영국	89.4
미국	79.2
태국	77.5
말레이시아	73.4
일본	63.9
유로 지역	61.5
중국	60.5
싱가포르	54.3

출처 : 국제금융협회

한국의 가계 부채는 2021년 기준 104.2%로, 전 세계 선진·신흥 시장 34개국 중 1위입니다. 특히 100%가 넘어가는 나라는 한국이 유일합니다. 가계 부채가 증가하면 무엇이 문제일까요? 한국은행은 가계 부채가 증가하면 원리금 상환 부담이 높아지고, 소비가 감소하기 때문에 경제가 둔화된다고 말합니다. 다시 말해 빚 갚느라 돈을 안 쓰게 된다는 것입니다.

이창용 한국은행 총재는 가계 부채의 규모를 GDP의 80% 규모로 낮추는 것이 목표라고 말하면서, 대출 총량제가 유지되어야 한다는 입장을 표명했습니다. 금리를 낮추는 것과 대출에 대한 규제를 푸는 것은 완전히 다른 이야기인 것입니다.

그렇다면 앞으로 규제의 향방은 어디로 흘러갈까요? 가장 중요한 GDP 대비 가계 부채의 비율을 체크해야 합니다. 정부는 가계 부채 비율을 2027년까지 100% 이내로 낮추겠다는 계획을 세웠습니다. 재미있는 것은 한국은행이 통계 기준을 바꾸면서 명목 GDP가 늘어났다는 것입니다. 대출 액수는 줄일 수 없으니 GDP를 늘려버린 것이죠. 결국 93.5%로 가계 부채 비율이 내려가는 초유의 사태가 발생해버렸습니다.

자료 4-5. 기준년 개편에 따른 2023년(잠정) 주요 경제 지표 변화

이렇게 되면 정부의 목표가 달성되고, 한국은행이 원하는 부채 비율 감소도 이루어진 것입니다. 가계 부채 비율이 80%까지 낮아지는 것은 힘들겠지만, 목표가 달성된 만큼, 대출 규제도 지금보다 유연하게 바뀔 것으로 예상됩니다. 저출산 국면을 해결하기 위한 신생아 특례대출을 만든 것처럼, 대출 규제를 벗어나는 다양한 특례대출 프로그램이 나올 것으로 보입니다.

감정가에 속지 말자,
내가 하는 감정평가

부동산 경매에서 매각물건명세서와 함께 법원이 제공하는 서류에는 감정평가서가 있습니다. 법원은 채권자가 경매를 신청하면 일정 자격을 취득한 감정평가사에게 경매 물건에 대한 평가를 의뢰합니다. 의뢰를 받은 감정평가사는 현장을 조사하고 얻은 정보를 통해 감정가를 매기는데, 법원은 이를 참고해 최저 매각가를 결정합니다.

물건의 경제적 가치를 판단할 수 있는 귀중한 자료이지만, 이 정보를 100% 믿지는 말아야 합니다. 그 이유는 감정평가의 방법 자체가 잘못됐기 때문입니다.

거래사례비교법의 민낯

부동산을 감정할 때, 감정평가사는 과거에 거래됐던 사례를 비교하면서 가격을 평가합니다. 이를 거래사례비교법이라 하고, 그때 가격을 비준가액이라고 합니다. 비준가액의 계산법은 다음과 같습니다.

비준가액 = 사례가격 X 사정보정치 X 시점수정치 X 지역요인 비교치
X 개별요인 비교치 X 면적 비교치

거래사례비교법은 과거의 사례로 가격을 추정하는 것입니다. 다르게 말하자면 시점에 따라 가격이 크게 변동될 수 있다는 것입니다.

문제는 경매 물건의 감정평가 자체가 짧게는 매각 기일의 6개월부터 길게는 10개월 전에 평가되기 때문에 현재 시점과도 크게 다르다는 점입니다. 심지어 여러 번 유찰됐을 경우, 감정가는 현재의 시세를 전혀 반영할 수 없습니다.

공시지가의 거짓말

아파트와 달리 공장과 토지는 거래 사례가 적어서 감정평가 하기 어렵습니다. 이때 공시지가를 통해 감정가가 반영됩니다.

공시지가의 문제점 중 하나는 표준지가 너무 적다는 것입니다. 전국 3,400만 필지 중 표준지는 50만 필지로 단 0.68% 수준입니다. 표준지가 각각의 토지들을 대표하지 못하기 때문에 감정가에도 오류가 발생하게 됩니다.

공시지가란?
토지 이용 상황이나 주변 환경, 기타 자연적·사회적 조건이 일반적으로 유사하다고 인정되는 토지 중에서 대표할 수 있는 표준치를 선정하고, 적정 가격을 평가한 가격

또, 공시지가는 거래 시세와 가격 차이가 존재하는데, 토지의 경우 3배에서 10배 이상까지 차이가 나게 됩니다. 물론 전국 모든 땅의 가격을 산정하기 위한 목적으로 공시지가가 필요하지만, 우리는 돈이 되는 땅을 사는 것이 목적이므로 공시지가는 참고만 해야 합니다.

부동산은 모두 다르다

부동산의 특성에는 개별성이 있습니다. 모든 부동산은 모두 다르다는 것입니다. 실제로 물리적으로 완벽하게 동일한 부동산은 없습니다. 같은 아파트라고 하더라도 뷰가 다르고, 이에 따른 심리적 만족감도 다릅니다.

상가는 어떨까요? 같은 건물에 있는 카페라고 해도 엘리베이터 옆에 있는 카페가 구석에 있는 카페보다 장사가 더 잘됩니다. 건물은 더 심합니다. 같은 라인에 있어도 코너에 있는 건물이 중간에 있는 건물보다 30% 이상 가격을 더 받습니다.

모든 부동산은 각각 가치가 다르기 때문에 적정 가격을 매기는 것은 매우 어렵습니다. 법원의 감정평가서는 이러한 개별적인 특성에 따른 요인을 고려하지 않기 때문에 내가 팔 수 있는 가격과 감정가에 차이가 존재하는 것입니다.

직접 감정평가 하는 방법

아파트 시세 찾기

요즘과 같은 부동산 침체기에는 호가보다는 급매물 가격을 눈여겨봐야 합니다. 아파트의 경우, 실거래가가 공개되어 있어 시세를 파악하기가 비교적 수월합니다. 국토교통부에서 제공하는 아파트 실거래가 자료는 호갱노노나 아실과 같은 다양한 프롭테크 기업들을 통해 편리하게 이용할 수 있습니다.

출처 : 스피드옥션경매

경매 물건의 아파트를 확인해보겠습니다. 경기도 안양에 위치한 인덕원마을삼성아파트입니다. 25층이고 평수는 전용 84㎡로 흔히 말하는 32평형입니다.

2023년 12월 시점에 감정됐고, 감정가는 9억 8,000만 원입니다. 그럼 실제 시세를 '아실'을 통해 확인해보겠습니다.

출처 : 아실

가장 최근에 거래됐던 가격은 9억 4,000만 원입니다. 이전 사례를 보면 9억에서 9억 8,000만 원 선에서 거래되는 것으로 보입니다. 급매 가격이 9억 원으로 확인되네요.

감정가와는 10% 정도 차이가 나는 것으로 보입니다. 경매 물건임을 고려해서 급매 가격과 동일하거나 약간 아래로 입찰가를 생각해야 되겠습니다.

호가 찾기

실거래가를 확인했으면, 호가를 확인해봐야 합니다. 우선 네이버 부동산에서 매물 목록을 확인합니다. 같은 평수의 매매 건을 확인해보면 최저가와 최고가를 알 수 있습니다. 주의할 점은 거래가가 아니라 매도자가 팔고 싶은 가격이라는 점입니다. 그중 가장 가격이 저렴한 매물과 비싼 매물을 가지고 있는 공인중개사에게 전화를 걸어서 아파트 시세를 물어보고 급매 가격을 물어봅니다. 전화상이기 때문에 좋은 정보는 얻지 못할 가능성이 높지만, 최대한 실구매자의 입장에서 물어보면 대략적인 시세를 알 수 있습니다.

출처 : 네이버 부동산

위 물건의 네이버 부동산 호가는 9억 3,000만 원부터 10억 원까지 다양하게 분포된 것으로 확인됩니다. 매물을 볼 때에는 층수와 수리 여부를 확인해야 합니다. 보통 1층부터 3층은 저층으로 인기가 없고, 가격도 시세보다 저렴합니다. 또, 집을 수리를 했는지, 수리했다면 어디까지 수리가 되어 있는지도 확인해야 합니다. 구축 아파트는 새시(창호)와 화장실이 수리되어 있으면 추가로 비용이 들어갈 것은 없습니다.

입찰가 정하기

입찰가를 정해보겠습니다. 입찰가를 정할 때는 감정가를 전혀 생각하면 안 됩니다. 나만의 기준과 판단을 가지고, 내가 생각한 가격에 확신을 가져야 합니다.

입찰가를 정할 때 고려할 요소는 다음과 같습니다.

입찰 시 고려할 요소
임차인 명도비(이사 비용)
인수되는 관리비(공용 부분)
수리 비용
공실 이자
중도상환수수료

부동산 중개인을 통한 거래와는 다르게 추가적으로 들어가는 비용이 있습니다. 하나하나 살펴보겠습니다.

임차인 명도비

낙찰받은 주택에 거주하는 사람이 있다면 명도라는 과정을 거쳐야 합니다. 선순위 임차인은 배당을 받기 때문에 문제가 없지만, 배당을 받지 못하는 임차인은 명도하기 쉽지 않습니다. 심할 경우에는 강제 집행의 절차를 밟아야 하는데, 보통 1년 이상 시간이 소요됩니다. 즉, 원만하게 해결하는 것이 돈과 시간을 절약할 수 있어, 이때 이사비 명목으로 임차인에게 100~200만 원의 비용이 들어가게 됩니다.

경매 초보들은 명도비를 아까워하는 경우가 많은데, 냉정하게 생각해 봅시다. 명도가 원활하게 안 되면 이자가 늘어나게 되고, 소송까지 갈 경우 소송 비용도 추가로 부담하게 됩니다. 차라리 명도비 합의를 하는 것이 길게 봤을 때 유리합니다. 물론 법적으로 강제되는 것은 아니기 때문에, 무리한 명도비를 요구할 경우에는 원칙대로 처리하는 게 옳습니다.

관리비

연체된 관리비의 경우 입찰 전 관리 사무소에 물어보면 자세한 내역을 알 수 있습니다. 다만 모든 관리비를 낙찰자가 인수받는 것은 아니고, 공용 부분에 대한 것만 인수받습니다. 전용 부분은 인수 대상이 아니기 때문에 관리비 정산 내역을 확인해야 합니다.

수리비

부동산을 통한 중개 거래와는 달리 경매를 통한 매매는 내부의 상태를 확인하고 입찰하기 어렵습니다. 운이 좋아 깨끗하다면 수리할 곳이 없겠지만, 최악의 상황을 고려해서 입찰해야 합니다.

도배, 장판, 화장실을 수리한다면 25평 기준으로 약 500만 원의 비용이 발생하게 됩니다. 만약 추가적으로 새시(창호)를 교체한다면 300만 원의 비용이 추가됩니다.

공실 이자 및 중도상환수수료

잔금을 치르고 세입자를 구하기까지 시간이 걸리게 됩니다. 세입자가 바로 나타난다면 좋겠지만, 보수적으로 3개월 정도는 생각해야 합니다. 여유 있게 3개월 치의 이자를 준비하는 것이 좋습니다.

중도상환수수료의 경우 보통은 2% 내외로 계약서에 명시되어 있습니다. 대출을 받은 후 전세 보증금을 받고 상환할 예정이라면, 중도상환수수료가 얼마 정도 나올지 계산해둬야 합니다.

초보자들이 자주 하는
실수 3가지

경·공매의 입찰도 계약과 같이 보증금을 내고 하는 것이기 때문에 실수를 하면 금전적인 손해를 볼 수 있습니다. 만약 실수로 인해 잔금 납부를 포기하면 꼼짝없이 보증금을 날리게 됩니다. 실제로 초보자들이 자주 하는 실수 3가지를 알아보겠습니다.

입찰표 작성 실수

너무 기본적인 것 같지만, 법원에서 너무 긴장해 자주 하는 실수입니다. 바로 입찰표 작성을 잘못하는 경우인데요. 사소한 실수지만 돈을 날릴 수 있습니다.

자료 4–6. 기일입찰표

(앞면)

기 일 입 찰 표

지방법원 집행관 귀하													입찰기일 : 년 월 일							

사 건 번 호		타 경 호		물 건 번 호	※ 물건번호가 여러개 있는 경우에는 꼭 기재

입 찰 자	본인	성 명	㉑	전 화 번 호	
		주민(사업자) 등록번호	법인등록 번 호		
		주 소			
	대리인	성 명	㉑	본인과의 관 계	
		주민등록 번 호	전화번호	–	
		주 소			

입찰 가격	천억	백억	십억	억	천만	백만	십만	만	천	백	십	일	원	보증 금액	백억	십억	억	천만	백만	십만	만	천	백	십	일	원

보증의 제공방법	☐ 현금 · 자기앞수표 ☐ 보증서	보증을 반환 받았습니다. 입찰자 ㉑

출처 : 대한민국법원 법원경매정보

물건번호를 쓰지 않은 경우

보통 사건번호까지는 잘 쓰는데, 물건번호를 쓰지 않은 경우가 있습니다. 1개의 사건에 물건이 여러 개인 경우에는 각각의 물건번호가 붙는데, 물건번호를 쓰지 않으면 무효 처리가 됩니다.

물건번호가 없다면 쓰지 않아도 상관없지만, 물건번호가 있다면 꼭 확인 후 쓰도록 합시다.

입찰가를 잘못 쓴 경우

입찰가는 작성 후 여러 번 확인해야 합니다. 0을 잘못 써서 1억 5,000만 원을 15억 원에 썼다고 하더라도 법원은 사정을 봐주지 않습니다. 이런 경우에는 보증금을 날리게 됩니다. 누가 이런 실수를 하느냐 싶지만, 의외로 적지 않게 발생합니다. 소송을 해도 보증금은 돌려받을 수 없습니다.

도장을 안 가져온 경우

법원 경매의 경우 입찰표를 제출할 때 입찰 봉투에는 도장을 찍어서 제출해야 합니다. 도장을 찍지 않고 제출하는 경우에는 입찰 자체가 무효가 됩니다. 본인이 직접 입찰하는 경우에는 막도장을 사용해도 상관없지만, 대리인을 통한 입찰의 경우에는 인감도장을 찍어야 합니다.

만약 본인이 직접 입찰하는데 도장을 두고 왔다면, 법원 근처 도장 가게에 가서 막도장을 만들면 됩니다.

사이버 임장만 하기

로드뷰와 위성사진으로 사이버 임장이 가능한 시대에서 살고 있습니다. 10년 전부터 최근까지 부동산의 모습을 확인할 수 있다는 것은 과거였으면 상상도 못 할 일입니다. 그렇다고 하더라도, 현장 임장은 필수입니다. 사이버 임장만 하고 입찰하는 것은 마치 소개팅에서 만난 이성의 인스타그램 사진만 보고 결혼을 결심하는 것과 같습니다.

임장을 하는 이유는 '현장감' 때문입니다. 실제로 걸어 다니면서 주변

환경이나 지형을 체크하고 주변 공인중개사 사무소에 가서 시세를 파악하고, 얼굴도장을 찍는 일은 방 안에서는 할 수 없습니다. 이렇게 임장을 하다 보면, 입찰하려는 물건에 확신이 생기게 됩니다. 주말에 침대에 누워 넷플릭스만 보지 말고, 애인이나 가족과 함께 바람 쐴 겸 부동산 임장을 나가는 것을 추천해드립니다.

대출 계획 세우지 않기

낙찰받은 후부터 잔금 납부까지 약 한 달의 시간이 주어집니다. 경매 법원 앞에서 받았던 명함 속 대출 상담인들에게 연락해서 대출 가능 금액과 금리를 물어보고, 조건에 맞는 곳에서 대출을 준비해야 합니다. 토지나 상가 같은 경우에는 DSR 적용을 받지 않아 대출 가능 금액의 변동은 거의 없는 편이지만, 주택의 경우는 본인의 신용도와 기대출 여부에 따라 대출 가능 금액이 달라집니다. 주택에 입찰을 할 경우에는 대출이 나오는지 여부를 미리 확인해야 합니다.

대출 약정서를 작성하면서 잔금일을 지정할 수 있고, 지정한 잔금일에 대출 실행과 부동산 등기가 모두 완료됩니다.

급매로 물건 싸게 사기

시세보다 훨씬 저렴한 매물, 사자마자 몇천만 원을 벌고 시작하는 매물이 나에게 오는 상상. 부동산 투자자라면 한 번쯤 해봤을 것으로 생각합니다. 부동산에서 이를 '급매물'이라고 부릅니다. 급매물은 부동산 매도자가 급한 사정이 있는 경우에 나오는데, 요즘은 특히 나이가 많은 소유주가 현금 청산 후 자식에게 증여할 목적으로 내놓는 사례가 많습니다. 아파트의 경우 시세보다 적게는 10%, 많게는 20%까지, 상가나 토지의 경우 반값까지 싸게 매매하기도 합니다.

급매물은 여러 번 찾아오지 않는 만큼 기회가 있을 때 잡아야 합니다. 그러나 투자자 대부분은 소개받은 매물이 급매 가격인지 알지 못합니다. 그 이유는 공부의 부족, 즉 시세에 대한 무지와 시장 흐름에 대한 이해 부족 때문입니다. 상승장이라고 불나방처럼 달려들면 안 되고, 하락장이라고 관심을 끊으면 안 되는 이유입니다.

이번에는 급매가 나에게 찾아오게 하는 방법과 이를 내 것으로 만드는 방법을 알아보겠습니다.

급매물 찾는 꿀팁

출처 : 필자 제공

급매물을 찾기 위해서는 무엇이 급매 가격인지 알아야겠죠? 급매물은 아파트의 경우 시세보다 10% 이상 낮은 것을 의미합니다. 같은 동 같은 층 기준으로 시세가 10억 원이라면, 9억 원이면 급매물이라고 볼 수 있습니다. 아파트 시세는 실거래가를 기준으로 보는데, '아실'이나 '호갱노노' 사이트가 한눈에 보기 편합니다. 최근 3개월 동안의 최저가를 확인하는데 이때 1층, 2층과 같은 저층은 제외해야 합니다.

급매 시세를 알았으면 이제 실전입니다. 부동산114나 네이버 부동산과 같은 인터넷 매체의 발달로 현장에 가지 않아도 매물을 찾을 수 있지만, 이런 방법은 정확도가 떨어집니다. 거래됐는데도 남아 있는 매물도 많고, 애초에 허위 매물도 있습니다. 중요한 점은 급매물은 인터넷에 올라오지 않는다는 것입니다.

생각해봅시다. 내가 부동산 중개인인데 시세보다 훨씬 저렴한 급매물건이 나왔다면, 어떻게 할까요? 내가 사거나 친한 사람한테 팔겠지요. 공인중개사가 직접 사는 것은 법률 위반이기 때문에 보통 친한 지인에게 연락해서 판매합니다. 이것이 급매를 찾기 위해 네이버를 뒤져봐도 찾을 수가 없는 이유입니다. 정말 급매물을 사고 싶다면 직접 공인중개사를 찾아가서 친분을 쌓아야 합니다. 친분을 쌓으라는 것이 친구가 되라는 말이 아닙니다. 그럴 수도 없고, 그럴 필요도 없습니다.

급매를 찾는 법은 너무나도 간단합니다. 부동산 근처 슈퍼마켓에 가서 박카스 한 박스를 사 들고 가면 됩니다. 이 작은 선물은 뇌물도 아니고 김영란법 위반도 아닙니다. 그러나 이 작은 행동이 공인중개 사무소에 방문하는 수많은 손님들 중에서 친절한 손님으로 기억되게 할 수 있습니다.

박카스 한 박스와 함께 내가 가진 금액(가용 금액)을 말하고, 급매가 혹시 있는지 물어보세요. 그리고 명함이 있다면 명함을, 없다면 전화번호를 남기고 오면 됩니다.

이렇게 원하는 지역의 공인중개 사무소 10곳 정도 방문하다 보면, 급매물이 나왔다는 연락을 받을 것입니다.

급매 물건 구매 시 유의해야 할 3가지

요즘에는 진짜 '급매' 물건이 아님에도 불구하고 급매라고 속여서 초보자들에게 물건을 넘기는 경우가 많아졌습니다. 싸게 사고 싶은 인간의 욕망을 자극해서 시세 혹은 시세보다 약간 싸게 계약하는 사례가 빈번한데요. 급매물 구매 시 유의해야 할 점을 알아보겠습니다.

먼저 왜 급하게 나왔는지 중개인에게 물어봐야 합니다. 이유 없는 급매는 없습니다. 통상적으로는 고령으로 인한 건강 악화, 증여 문제, 세금 및 이자 문제 등이 많지만, 골치 아픈 하자가 있어서 급히 파는 경우도 있습니다. 초보 투자자 시절, 한여름에 오래된 재건축 빌라를 덜컥 샀다가 겨울철 보일러가 고장 났다는 사실을 알게 됐습니다. 눈물을 머금고 몇백만 원의 수리비를 지출했던 경험이 있는데, 중개인에게 급매의 이유를 세세히 물어봤다면 피할 수 있었겠죠. 우리는 중개인의 전문 지식과 경험 그리고 안전한 거래 보장을 이유로 중개수수료를 지불합니다. 중개인을 신뢰하고, 매물의 히스토리에 대해 소통하는 것은 필수입니다.

다음은 눈으로 직접 확인해야 합니다. 급매라고 해서 다를 것은 없습니다. 오히려 왜 싸게 나왔는지 탐정이 된 것처럼 따지고 들어야 합니다. 급하게 나온 매물이라면 매도자 입장에서는 집을 빨리 파는 것이 목적이기 때문에 매물을 보여주는 데 호의적입니다. 이때 파손된 시설은 없는지, 누수 흔적이나 곰팡이가 서려 있는 곳은 없는지 꼼꼼하게 확인해야 합니다. 특히 중요한 것은 매물에 가등기나 임대차 여부인데, 등기부등본을 떼어서 권리관계를 확인하고 이상이 있다면 계약을 피하거나 특약 사항을 넣어야 합니다. 특약 사항에는 '문제 발생 시 매도인 책임'이라는 문구를 필히 적어야 합니다.

마지막으로는 급하게 사지 말아야 합니다. 중개업자들은 "지금 계약하지 않으면 금방 팔린다. 계약금이라도 거셔라"라고 계약을 부추기는 경우가 많습니다. 이때 서둘러 계약하기보다는 매물에 대한 브리핑을 다 듣고 여유 있게 계약해야 합니다.

급매물을 급하게 사지 말라는 것이 어불성설 같을 수 있습니다만, 기회를 흘려보내라는 말이 아닙니다. 약속 시간이 늦어 급하게 출발했다가 가스 불을 끄고 나왔는지, 에어컨을 껐는지 기억이 가물가물해 찝찝했던 경험이 한 번쯤 있으실 것입니다.

싸게 사는 것보다 안전하게 내 돈을 지키면서 투자를 이어 나가는 것이 중요합니다. 내가 놓치고 있는 부분이 있을 수 있다는 것을 상기하고, 혹여나 걸리는 부분은 중개인에게 특약 사항으로 넣어달라고 요청해야 합니다. 계약금을 넣는 순간 돌이킬 수 없습니다.

아무리 싸도 '직거래'는 피하자

요즘은 어플이나 네이버 카페 등의 활성화로 젊은 사람은 물론이고, 중장년층도 부동산 직거래를 통해 거래하는 경우가 많습니다. 부동산 중개수수료가 들지 않고, 그만큼 가격을 깎아 매매하기 때문에 중개 거래보다 저렴하게 살 수 있다는 장점이 있습니다.

하지만 부동산 직거래의 경우 허위 계약서를 작성하거나, 매도자에게 유리한 특약 사항을 넣는 등 안전장치가 없어 발생하는 다양한 문제점이 많습니다. 중개인이 있을 경우에는 신분증과 등기부등본상 소유주를 대조해 확인하지만, 직거래에서는 이러한 절차가 없기 때문에 위험에 노출될 가능성이 높습니다.

1%도 안 되는 중개수수료를 아끼겠다고, 내 돈 100%를 거는 위험한 도박은 하지 않는 것을 추천합니다.

Part 5

실전 부동산 투자.
어떻게 사야 할까?

현장매매와 경쟁매매

앞에서 이야기한 것처럼, 부동산은 이론이 아닌 실전입니다. 백날 공부해도 실행을 안 하면 우리 삶은 달라지지 않습니다. 이제부터 우리 삶을 바꾸기 위한 진짜 투자 방법을 알려드리겠습니다.

부동산의 매입 방법은 크게 현매(현장매매)와 경매(경쟁매매)로 나뉩니다. 무엇이 더 좋다는 것은 없습니다. 가장 좋은 것은 무엇이든 싸게 사는 것입니다. 현매의 장점은 부동산의 하자를 확인할 수 있고, 중개인을 통해 안전하게 매매가 가능하다는 점입니다. 반면 급매물의 경우 구매자의 재량에 따라 가격을 깎아서 살 수 있습니다. 하지만 단점은 급매물의 경우에도 드라마틱하게 저렴한 가격으로는 매입이 불가능하다는 점입니다.

경매의 장점은 싸게 살 수 있다는 것이 가장 크겠죠. 단점은 하자가 있다면 모두 낙찰자의 책임이라는 점입니다.

내 예산에 맞는
아파트 구매하기

아파트의 경우에는 경매보다 현매(중개인을 통한 매매)가 낫습니다. 그 이유는 2가지인데요. 첫째는 경매에서 아파트의 경쟁률이 너무 높다는 점입니다. 누구나 사고 싶어 하는 아파트의 경우에는 입찰자가 수십 명에 달합니다. 또 입찰자만 많은 것이 아니라 낙찰가율도 굉장히 높습니다. 통계에 따르면 아파트의 낙찰가율 평균이 90%를 넘었고, 100%를 넘긴 경우도 20%에 달한다고 합니다. 아파트를 구입하려면 경매는 메리트가 없고, 현매 중 급매물을 찾는 것이 유리합니다.

아파트 시장의 미래

한국의 주택 시장, 특히 아파트는 탄생 이래로 계속 상승해왔습니다. 한국인들의 마음속에 아파트는 믿음을 넘어 신앙으로 자리 잡은 지 오래입니다. 지금까지 전국 아파트 상승 통계를 보면 그 믿음이 사실로 보입니다. 실제로 1988년 9,000만 원이었던 압구정 한양아파트는 2024년 40억 원이 넘었습니다. 45배가 상승한 것입니다. 과연 아파트값은 앞으로도 엄청난 상승을 보여줄 수 있을까요?

주택 가격의 가장 큰 상승 요인은 바로 인구의 증가입니다. 인구가 증가하면 도시가 확장되고, 주택 가격도 덩달아 상승하게 됩니다. 그다음은 교통입니다. 도시는 역세권 중심으로 확장하게 되고, 자연스럽게 사람들은 역 근처로 모이게 됩니다. 결국 아파트 구매의 불패 전략은 인구가 모여드는 지역 중에서 역세권 부근을 구매하는 것입니다.

인구수가 점점 줄어들고 지방 소멸이 가속화되고 있습니다. 지방의 청년들은 서울로 올라와서 일자리를 잡고, 수도권 밖을 벗어나려 하지 않습니다. MZ 세대들의 이촌향도는 부동산 시장에서도 새로운 변화를 만들고 있습니다.

서울과 수도권, 수도권 중에서도 핵심 지역을 제외하고 아파트는 투자 가치가 없습니다. 충격적으로 들릴지 모르겠지만, 더 이상 과거처럼 '묻지 마 투자'로는 수익을 낼 수 없습니다. 기다리다 보면 언젠가는 아파트 가격이 오르는 현상은 이미 지난 시대의 유물이 됐습니다. 실제로 지방은 아파트가 텅텅 비면서 공동화 현상이 일어나고 있습니다. 수도권은 어떨까요? 과천과 분당, 판교 정도만 자급자족이 가능한 도시이고, 나머지 신도시들은 베드타운으로 전락한 지 오래됐습니다.

서울과 근접한 평촌, 일산, 중동 등 1기 신도시는 지어진 지 40년을 향해 가고 있습니다. 그 당시 지어진 아파트들은 지금 주차 문제와 녹물 문제 등으로 골머리를 썩이고 있습니다. 실제로 아파트 주민들도 신축 아파트로 '탈출'을 꿈꿉니다. 1기 신도시 특별법을 통해 재건축 기준을 완화해주었지만, 현실적으로 쉽지 않은 실정입니다.

정답부터 말하자면 서울, 그리고 재건축 사업성이 나오는 경기도 일부 도시 아니면 아파트는 구매하지 말아야 합니다. 그냥 전세로 살고 다른 투자처를 찾는 것이 낫습니다. 서울도 재건축이 가능한 곳이 아니면 20~30년 뒤에는 투자로서 가치를 잃을 것입니다.

2호선 라인을 주목하라

자료 5-1. 서울 지하철 노선도

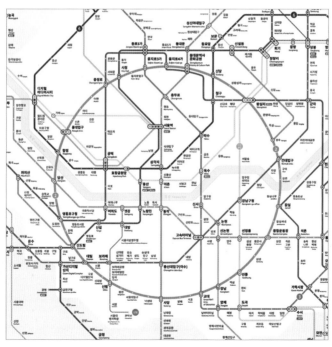

출처 : 서울특별시청 홈페이지

40년 만에 바뀐 서울 지하철 노선도입니다. 서울시는 일반 역과 환승역을 알기 쉽도록 새로운 디자인을 도입했다고 말했습니다. 기능은 그렇다 치고, 눈에 확 띄는 것이 무엇인가요? 저는 가운데 동그란 원, 즉 2호선이 눈에 띕니다.

2호선은 서울 주요 업무 지구와 상업 지구, 심지어 주요 대학까지 모두 지나는 황금 노선입니다. 시청역과 을지로역, 삼성역, 구로디지털단지역(업무 지구), 강남역, 신림역, 왕십리역, 잠실역(상업 지구), 신촌역, 건대입구역, 이대역, 서울대입구역(학업 지구) 모두 2호선 라인에 속한다는 것을 알 수 있습니다. 2호선은 명실상부 대한민국의 중심 노선입니다.

앞으로는 2호선 노선 안쪽으로 주택을 구입해야 합니다.

재건축이 가능한 경기도 지역

노후화된 아파트를 구매하는 이유가 무엇일까요? 복도식 구조에 녹물, 주차 스트레스를 감당하면서까지 구축 아파트를 사는 이유는 바로 재건축 기대감 때문입니다. 헌 집 주고 새 집을 받을 것이라는 기대감 때문에 '몸테크'를 하면서까지 구축 아파트에 사는 것입니다. 하지만 금융비용이 오르고 건축비가 상승하면서 재건축에 대한 의문이 생겼습니다.

"과연 사업성이 있을까?"

재건축 아파트는 공짜로 받는 것이 아닙니다. 재건축 공사비와 이자비용, 심지어 재건축초과이익환수제로 일정 금액을 세금으로 뜯어갑니다. 이제는 사업성이 있는 지역의 아파트만 재건축이 가능합니다.

수도권의 아파트를 사는 기준은 노후화가 아니라 재건축 사업성이 되어야 합니다. 사업성은 용적률과 대지 지분이 중요한데, 앞으로 용적률 부분은 완화될 가능성이 매우 높기 때문에 대지 지분에 중점을 둬야 합니다. 재건축 사업성이 나오는 지역과 그 지역의 시세를 이끄는 아파트(대장 아파트)를 정리해보겠습니다.

지역	대장 아파트	평당 가격	대지 지분	비고
과천	과천 주공 10단지	6,250만 원	32~48평	시공사 선정 완료
분당	상록마을 3단지 우성	4,050만 원	16.4평	
평촌	목련마을 선경 1단지	3,550만 원	20평	
일산	백마마을 1단지	1,870만 원	22.7평	

과천

과천은 정부 청사가 위치한 행정도시이자 서울과 가장 가까운 경기도 지역입니다. 유흥시설 없는 깨끗한 도시로, 경기도 내 거주 만족도 1위 지역입니다. 행정도시 이미지를 바꾸기 위해 산업 단지를 조성해 자족 도시로 탈바꿈하고 있습니다. 개발제한구역(그린벨트)을 해제하고, 그 일대에 지식정보타운을 개발해 도시를 발전시키고 있습니다. 지식정보타운에는 다양한 기업과 연구소가 유치된 상태이고, 이에 따른 인구 유입도 예상되기 때문에 과천은 더욱 발전할 것으로 보입니다.

다만 과천은 서울 핵심지인 용산과 송파의 아파트 가격과 비슷하기 때문에 대체 가능한 투자 지역이 많다는 것이 단점입니다.

분당

'천당 밑에 분당'이라는 말이 있을 정도로 분당의 가치는 매우 높습니다. 그 이유는 강남과 접근성이 1기 신도시 중 가장 뛰어나기 때문인데요. 실제로 신분당선을 타고 정자역에서 강남역까지는 17분이 걸립니다. 또한 바로 옆에 한국의 실리콘밸리라 불리는 판교도 자차로 10분이 채 안 걸리는 위치로 직주 접근성이 좋습니다. 또한 분당 서울대병원도 근처에 있다는 점이 고령화 사회에 메리트가 큽니다. 무엇보다 재건축의 핵심이라고 볼 수 있는 주민들의 소득수준도 높은 편이라 사업이 수월하게 진행될 가능성이 높습니다.

평촌

평촌은 경기도 최대 학원가이자 전국 3대 학원가 중 하나인 평촌 학원가가 있습니다. 실제로 학원가와 가까운 단지가 역과 가까운 단지보다 비싸게 매매되는 경우도 존재합니다. 또한 평촌은 백화점을 비롯한 상업 시설과 법원, 시청, 구청과 같은 행정 시설 그리고 산업 시설인 스마트스퀘어가 밀집해 있습니다. 이로 인해 항아리 상권이라고 불리는 범계역 로데오거리 상권은 경기도 매출 1위를 기록하고 있습니다.

풍부한 유동 인구와 거대한 상권을 바탕으로 평촌은 재건축 및 리모델링이 활발히 논의되고 있습니다. 단, 평촌의 모든 단지가 사업성이 나오지는 않는 만큼, 임장과 분석을 통해 오를 단지를 골라야 합니다.

일산

일산은 경기 북부의 유일한 신도시로, 강남이 아닌 종로나 광화문으로 출퇴근하는 직장인들을 타깃으로 만들어졌습니다. 하지만 IMF 이후 강남의 엄청난 발전과 더불어 경기 남부의 산업 단지 증가로 일산의 경쟁력이 크게 하락했습니다. 엎친 데 덮친 격으로 2019년 LH의 3기 신도시로 일산 바로 밑의 고양 창릉이 지정되면서 악재가 추가됐습니다.

하지만 일산 일대의 고도 제한 해제와 가장 낮은 용적률로 인한 '노후계획도시 정비 및 지원에 관한 특별법'에서 가장 큰 수혜를 입기 때문에 일산에 대한 기대감이 높아지고 있습니다.

경기 남부의 분당 신도시가 재건축이 된다면, 경기 북부의 유일한 신도시인 일산도 재건축이 되어야 한다는 여론이 높아질 것입니다. 즉 정부는 공평한 재건축의 상징성을 살리기 위해 일산 신도시를 빠르게 재건축시킬 가능성이 높습니다.

부산 해운대, 대구 범어동, 대전 둔산동, 울산 옥동, 광주 봉선동과 같은 광역시의 대표 지역 아파트값도 상승하겠지만, 장기적인 방향으로 봤을 때 거주는 하되 투자는 서울 및 수도권으로 하는 것이 투자적인 방향으로 옳다고 보입니다.

상가 투자의 기준,
월세 잘 받는 방법

월세 받는 건물주의 삶은 누구나 꿈꾸는 목표일 것입니다. 몇 년 전 초등학생의 장래 희망을 묻는 조사에서 연예인 다음으로 건물주가 2위로 꼽혔다고 하니 말 다했지요. 세를 받는 수익형 부동산에는 강남의 오피스 빌딩이나 5층 이하 꼬마빌딩 말고 상가도 포함됩니다.

상가 매매는 기존 상가주에게 구입하는 일반 방식과 건설사가 짓고 있는 상가, 즉 미완성된 상가를 분양받는 분양 방식이 있습니다. 전자의 방식은 중개사 매물을 통해 구매하게 되고, 보통 상가 수익률이나 시장가에 따라 거래됩니다. 후자는 분양 회사의 브리핑을 듣고 '10년 임대 보장'과 같은 홍보 문구를 보고 구매합니다. 일단 2가지 방식을 낱낱이 파헤쳐 보겠습니다.

일반 상가와 분양 상가

일반 상가

일반 상가는 공인중개사를 통해 구입하는 상가를 말합니다. 길을 걷다 목 좋은 곳에 '매매문의' 현수막과 함께 전화번호가 걸려 있는 것을 보신 적이 있을 것입니다. 이 경우가 일반상가에 해당하는데, 전화하면 상가의 현재 월세와 보증금, 매매가에 대한 정보를 알 수 있습니다. 그리고 가격 조율을 통해 합리적이라고 생각한다면 매매하게 됩니다.

분양 상가

분양 상가는 신도시에서 신축 상가를 짓는 과정에서 분양 회사들이 준공 전 분양을 하는 상가를 말합니다. 분양 회사는 상가가 위치한 곳의 미래와 예상 수익에 대해 브리핑을 하고, "임차가 이미 완료된 상가예요"라며, 투자 즉시 수익이 난다고 말하는 곳도 있습니다. 아직 완공되지 않았기 때문에 상가의 조감도나 평면도만 보고 투자를 해야 합니다.

분양 상가의 치명적인 단점은 상권이 형성되지 않은 곳의 상가를 구매한다는 점입니다. 상가는 임대료를 바탕으로 가격이 형성되고, 임대료는 상권에 따라 변합니다. 서울의 이대 상권에 공실이 많은 이유가 무엇인지 아시나요? 바로 상권이 죽었기 때문입니다. 상권은 생물과도 같아서 어느 순간에는 젊음과 같이 활기차다가도, 어느새 조용해집니다.

기존 상가들도 상권 변화에 치명적인데, 상권이 형성되지도 않은 곳의 상가를 구매한다는 것은 지라시를 듣고 주식에 투자했다가 쫄딱 망하는 격과 같습니다.

분양 상가가 더 꽤씸한 이유는, 분양 상가를 만드는 시행사, 시공사 그리고 분양팀까지 팔고 나오면 그만이기 때문입니다. 투자자 입장에서는 거금 몇억 원을 투자하지만, 이들은 파는 것이 목적이고 판매 이후에 임대료가 줄어들든, 공실이 나든 전혀 관심도 책임도 없습니다. 분양 상가를 팔려고 해도 팔리지 않는다는 뉴스 기사들은 매년 나오지만, 이에 대한 대책은 전혀 없는 실정입니다.

또, 분양사들의 '10년 임차 완료'와 같은 확정 임차 문구를 보고 분양 상가에 혹하는 투자자들이 많은데, 절대 지켜지지 않을 약속입니다. 왜 그런지 아십니까? 약속을 안 지켜도 법적으로 문제가 전혀 없기 때문입니다. 판례는 임대 수익을 보장해준다는 분양 업자의 문구를 단순히 장래에 대한 기대권 정도로 해석하고 있기 때문입니다. 결국 사기를 당해도 법은 도와주지 않습니다.

상가의 적정 가격 구하기

상가를 포함한 수익형 부동산의 위기는 어제오늘 일이 아닙니다. 쿠팡과 같은 온라인 쇼핑몰의 등장으로 오프라인 상가의 입지가 줄어들고 있던 와중 코로나19로 인해 이제 더 이상 숨 쉴 틈조차 없는 상태가 됐습니다. 넘쳐나는 공실과 버티지 못하고 경매 시장에 몰리는 상가의 수가 어마어마합니다. 경매 시장에서 환영받는 것도 아닙니다. 유찰은 기본이고 상권과 수익률이 받쳐주지 않으면 아무도 입찰하지 않습니다. 잘못 사면 말 그대로 '상가 샀다가 상갓집 됐다'라는 소리가 나오는 것입니다.

자료 5-2. 상가 공실률   (단위 : %)

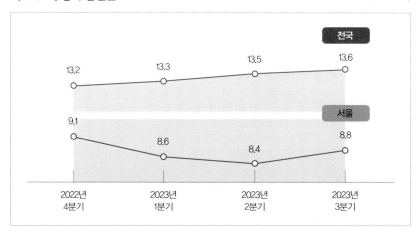

출처 : 한국부동산원

자료 5-3. 서울 주요 상권 상가 공실률   (단위 : %, 2023년 3분기 집합 상가 기준)

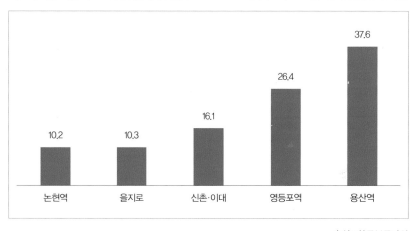

출처 : 한국부동산원

그럼 어떤 기준으로 상가 가격의 적정 가격을 정해야 할까요? 상가와 같은 상업용 부동산 같은 경우에는 정말 특별한 이유가 아니고서는 감가상각의 대상입니다. 특별한 이유라고 하면, 강남 주요 지역에 위치하거나 수요가 매우 풍부한 초역세권 상가인 경우를 뜻합니다.

그 외의 상가에는 이 공식을 꼭 명심해야 합니다.

1층 상가 : (월 임대료 X 12) / 5% + 보증금 = 적정 가격

그 외 상가 : (월 임대료 X 12) / 8% + 보증금 = 적정 가격

예를 들어 보겠습니다. 보증금 4,000만 원에 월세 150만 원을 받는 1층 상가의 적정 가격은 어떻게 될까요? 그리고 보증금 8,000만 원에 월세 200만 원을 받는 4층 상가의 적정 가격은 어떻게 될까요?

1층 상가 적정 가격 : (150만 원 X 12) / 5% + 4,000만 원

(1,800만 원) X 20 + 4,000만 원 = 4억 원

4층 상가 적정 가격 : (200만 원 X 12) / 8% + 8,000만 원

(2,400만 원) X 12.5 + 8,000만 원 = 3억 8,000만 원

앞에 말했다시피, 상가의 수익률은 상가의 운명을 좌지우지합니다. 수익률이 낮으면 상가는 절대 팔리지 않습니다. 반대로 수익률이 높은 상가는 부동산에 내놓자마자 귀신같이 팔립니다.

1층 상가의 경우에는 희소성을 고려해서 연 5%의 수익을 잡아야 하고, 그 외 상가는 연 8%의 수익을 잡아야 나중에 매도할 수 있습니다.

이런 상가는 어떻게 사야 하냐고요? 눈치채셨겠지만, 이런 상가는 현매로 살 수 없습니다. 하지만 경매로는 이런 상가가 넘쳐납니다.

경매로 상가 투자하기

예시를 먼저 보겠습니다.

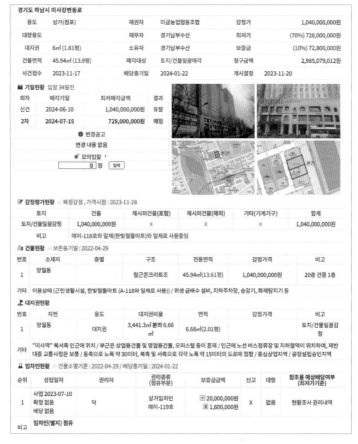

경기도 하남시 미사강변동로

용도	상가(점포)	채권자	미금농업협동조합	감정가	1,040,000,000원
대장용도		채무자	경기남부수산	최저금	(70%) 728,000,000원
대지권	6㎡ (1.81평)	소유자	경기남부수산	보증금	(10%) 72,800,000원
건물면적	45.94㎡ (13.9평)	매각대상	토지/건물일괄매각	청구금액	2,985,079,012원
사건접수	2023-11-17	배당종기일	2024-01-22	개시결정	2023-11-20

기일현황 입찰 34일전

회차	매각기일	최저매각금액	결과
신건	2024-06-10	1,040,000,000원	유찰
2차	2024-07-15	728,000,000원	예정

변경공고
변경 내용 없음

모의입찰
0 원 입력

감정평가현황 복정감정, 가격시점: 2023-11-28

토지	건물	제시외건물(포함)	제시외건물(제외)	기타(기계기구)	합계
토지/건물일괄감정	1,040,000,000원	X	X	X	1,040,000,000원
비고	에이-118호와 일체(한빛철물마트)와 일체로 사용중임				

건물현황 보존등기일: 2022-04-29

번호	소재지	층별	구조	전용면적	감정가격	비고
1	망월동		철근콘크리트조	45.94㎡(13.61평)	1,040,000,000원	20층 건중 1층
기타	이용상태 (근린생활시설, 한빛철물마트 (A-118와 일체로 사용)) / 위생 급배수 설비, 지하주차장, 승강기, 화재탐지기 등					

대지권현황

번호	지번	용도	대지권비율	면적	감정가격	비고
1	망월동	대지권	3,441.3㎡ 분의 6.66 ㎡	6.66㎡(2.01평)		토지/건물일괄감정
기타	"미사역" 복서측 인근에 위치 / 부근은 상업용건물 및 영업용건물, 오피스텔 등이 혼재 / 인근에 노선 버스정류장 및 지하철역이 위치하여, 제반 대중 교통사정은 보통 / 북측으로 노폭 약 30미터, 북측 및 서측으로 각각 노폭 약 15미터의 도로에 접함 / 중심상업지역 / 공장설립승인지역					

임차인현황 건물소멸기준: 2022-04-29 / 배당종기일: 2024-01-22

순위	성립일자	권리자	권리종류(점유부분)	보증금금액	신고	대항	참조용 예상배당여부(최저가기준)
1	사업 2023-07-10 확정 없음 배당 없음	덕	상가임차인 에이-119호	보 20,000,000원 월 1,600,000원	X	없음	현황조사 권리내역
비고	임차인(별지) 점유						

출처 : 스피드옥션경매

앞의 물건은 경기도 하남에 위치한 미사푸르지오시티 1층 상가입니다. 물건 분석을 해보면, 2018년 8월에 완공됐고 그전인 2015년에 분양된 것으로 보입니다. 5호선 미사역과 3분 거리에 있고, 주변에 호수공원과 운동장이 있습니다. 주변 아파트 단지가 많아 배후 수요도 있다고 보입니다.

감정가는 10억 4,000만 원이고, 1회 유찰되어 최저가는 7억 2,800만 원입니다. 15평 기준으로는 가격이 좀 센 것 같은데요. 임대료를 확인해보겠습니다. 임차인은 보증금 2,000만 원에 월세 160만 원에 임차 중입니다.

1층 상가 적정 가격 공식을 이용해서 계산해보면, 보증금 2,000만 원에 월세 160만 원 상가의 적정 가격은 4억 400만 원입니다. 감정가는 말도 안 되는 가격이죠? 적정 가격이 되려면 최소 4회는 유찰되어야 합니다.

충격적인 것은 감정가가 아닙니다. 문제는 이 상가의 분양가입니다. 등기를 통해 확인한 상가 분양가는 무려 11억 6,600만 원입니다.

분양가 : 11억 6,600만 원 (100%)
감정가 : 10억 4,000만 원 (89%)
적정가 : 4억 400만 원 (34%)

적정 가격 대비 약 3배 이상 높은 금액으로 분양을 받은 것입니다. 그것도 10년 전 분양가입니다. 10년간 물가가 상승한 것을 고려해봤을 때 (연간 2%로 가정) 손해액은 얼마인지를 분석해보겠습니다.

이를 계산하면,

실질 금액 = 초기 금액 X (1 + 물가 상승률)^{연수}

= 1,166,000,000 X (1.02)^{10}

실질 금액 ≈ 1,421,347,494원

손해액은,

손해액 = 실질 금액 − 실제 가격

= 1,421,347,494 − 404,000,000

손해액 ≈ **약 10억 1,734만 원**

실질가치 하락율(손해율)은,

손해율 = $\dfrac{1,017,347,494}{1,421,347,494}$ X 100 = 71.58%

　　물가 상승률을 고려했을 때, 손해는 약 10억 원이고 기회비용을 포함하면 손해는 더 클 것으로 보입니다. 이것이 분양 상가를 사면 안 되는 이유와 경매로 상가를 사야 하는 이유입니다.

토지 구매하기, 농지와 산지

토지 투자는 아파트나 상가 투자와는 결이 다릅니다. 토지에서는 월세가 나오는 것도 아니고, 직접 사용하려면 개발이라는 절차가 필요합니다. 그래서 토지는 부자들의 전유물로 여겨지고 있습니다. 실제로 토지는 찾는 사람도 많지 않은 것은 사실입니다. 하지만 많은 부자들이 토지로 부자가 됐습니다.

제가 의류 쇼핑몰을 운영했을 때의 이야기입니다. 그 당시 의류를 떼어오던 곳이 경기도 남양주 진건읍에 있는 공장이었는데요. 양말 한 켤레 팔아서 마진 50원씩 남겨서 겨우 생계를 유지하는 사장님이 운영하셨습니다. 사장님은 20년 넘게 남양주에서 공장을 하셨지만, 늘 입에 풀칠만 한다고 말씀하시는 분이셨어요. 종종 저에게 돈을 빌려달라고 부탁해서 곤란했던 기억이 있습니다. 하지만 이 사장님의 공장이 왕숙 신도시로 편입되어 엄청난 보상을 받고 은퇴하셨습니다. 보상가만 수십억 원을 받았다고 들었습니다.

이렇게 한국에서는 토지 덕분에 졸부가 된 사람들이 많습니다. 당신이 부자가 되고 싶다면, 토지에 관심을 가져야 합니다.

농지 투자하기(전과 답 그리고 과수원)

농지는 말 그대로 농사를 지을 수 있는 땅입니다. 쌀을 짓는 논(답), 작물을 심는 밭(전) 그리고 과일을 따는 과수원(과)이 있습니다. 농지를 투자하는 이유는 건물을 지을 수 있는 땅인 '나대지'보다 저렴하기 때문입니다. 또 희소하기 때문에 금(Gold)과 같은 안전 자산으로 생각되어 인플레이션 헤지 수단으로서 선호도가 높습니다. 불황기에도 토지 가격은 하락하지 않는 이유가 바로 이 때문입니다.

하지만 농지는 아무나 살 수 없습니다. 대한민국의 헌법은 농지에 관해 경자유전의 원칙을 명시하고 있습니다. 경자유전이란 '농지는 농사를 짓는 사람만 소유할 수 있다'는 것으로, 즉 '소작은 금지된다'라는 의미입니다. 농지법도 예외적인 경우를 제외하고서 농업에 이용하지 않는 사람의 농지 소유를 엄격히 제한하고 있습니다.

그렇다고 농지 투자를 포기할 순 없지요. 농지법을 자세히 보면, 일반인도 주말·체험영농(주말농장)으로 소유할 수 있다고 나와 있습니다. 농지법 제7조에 따르면, 비농업인도 1,000㎡(약 302평)까지 주말·체험영농 목적으로 취득이 가능합니다. 다만 조건이 좀 까다로운데요. 주말·체험영농 계획서를 포함한 서류를 농지 소재 관청에 제출하고, 농지취득자격증명을 발급받아야 합니다. 추가적으로 관외자(외지인)의 경우 농지위원회의 허가가 필요합니다.

이렇게까지 농지를 구매하지 못하게 막는 이유는 무엇일까요? 바로 돈이 되기 때문입니다. 왜 압구정 아파트를 토지거래허가구역으로 묶어서 사기 힘들게 하는 것일까요? 마찬가지로 돈이 되기 때문입니다. 국가가 사지 못하게 막는다면 투자 가치가 높은 것이고, 투자 가치가 높은 것은 사야 하는 것이 투자의 원칙입니다.

농지 투자 사례 분석하기

농지를 취득하기 위한 까다로운 과정을 사례로 풀어보겠습니다. 이 사례는 제가 직접 경매로 취득한 농지인데요. 경기도 평택시 안중읍에 있는 용도 전의 농지입니다.

출처 : 스피드옥션경매

이 토지는 농기구들이 적치 되어 있고, 잡초와 아스팔트 포장이 혼재

되어 있는 잡종지로 사용되고 있습니다. 하지만 지목이 전(밭)이기 때문에 원칙상 농지취득자격증명을 받아야 하는 토지입니다. 경매에서 낙찰후 일주일 이내에 농지취득자격증명을 제출하지 않으면 낙찰이 불허되고 보증금은 몰수됩니다.

입찰 전에 농지취득자격증명을 신청하는 것도 가능하지만, 그렇게 하지 못한 경우에는 매각결정기일 연기 신청서를 법원에 제출해야 합니다. 우리나라 법은 필요한 사람이 신청해야지, 넋 놓고 기다리기만 하면 도움을 받을 수 없습니다.

연기 신청을 한 후, 정부24나 해당 관청을 방문해서 농지취득자격증명을 신청해야 합니다. 이때, 그냥 인터넷으로 신청하지 마시고, 관청 담당 주무관과 전화 통화를 해서 낙찰된 사정을 이야기하고 꼭 농지취득자격증명이 나와야 한다는 점을 어필해야 합니다. 공무도 기계가 아닌 사람이 하는 일이다 보니 진심으로 부탁하고, 필요 서류를 최대한 준비하겠다고 말한다면 수월하게 발급받을 수 있습니다.

농지위원회 통과와 농지취득자격증명 발급받기

구입하려는 토지가 주거지와 인접한 경우에는 담당 주무관 선에서 농지취득자격증명 발급이 가능하지만, 내 주거지와의 거리가 직선거리로 30㎞ 이상이면 절차가 복잡해집니다. 농지위원회의 심의 대상이 되기 때문입니다.

농지취득자격증명을 발급받기 위해서는 주말·체험영농 계획서와 신청서를 제출해야 하는데요. 농지위원회 심의 대상일 경우 '정성'이 더 필요합니다.

농지위원회 심의 대상
1. 토지거래허가구역에 있는 농지를 취득할 때
2. 농업 법인이 농지를 취득할 때
3. 농지 1필지를 3인 이상이 공유 지분으로 취득할 때
4. 관외 경작자가 농지를 처음으로 취득할 때
5. 외국인, 외국 국적 동포가 농지를 취득할 때

먼저 농지가 농사를 지을 수 없는 상태라면, 농지 원상복구 계획서를 제출해야 합니다. 농지의 원상복구 계획은 실현 가능한 방법으로 작성해야 합니다. 예를 들어 "가을에 공사 후 봄부터 경작을 하겠다"라고 적기보다는 "7월 중 비가 오는 날을 피해서 측량과 철거를 진행하고, 업체는 평택시에 위치한 ○○업체를 이용할 예정입니다"라고 계획을 명확하게 명시해야 합니다. 또한 보충 서면을 작성하는 것이 좋습니다. 토지 위성사진 등을 첨부해 내가 이 토지에 관심이 많고, 계획대로 이행하리라는 점을 알려야 합니다.

또한 추가의견서도 제출하면 효과적인데요. 농지법의 입법 취지에 적법한 과정으로 농지를 취득했다는 사실을 읍소합니다. 이와 함께 근거자료로 농지취득자격증명 관련 법원의 판례도 추가한다면 신뢰성이 높아지겠지요.

마지막으로 농림수산부가 운영하는 농업교육 포털에서 귀농을 위한 강의를 들을 수 있는데, 온라인 강의를 일정 시간 수강하면 수료증을 발급해줍니다. 이 수료증은 최소한 농지에 대해 이해하고 있다는 것을 보

여줄 수 있는 자료가 될 수 있기 때문에 농지위원분들께 농지 취득의 열의를 호소할 수 있습니다. 어려워 보이지만, 준비한다면 누구나 충분히 할 수 있습니다. 아래 사진은 제가 제출한 의견서 및 보충 서면입니다.

자료 5-4. 농지취득 관련 의견서 및 보충 서면

이후 농지취득자격증명이 발급됐고, 정상적으로 법원에 제출해 등기까지 완료했습니다.

농지 투자의 수익

토지를 현매로 사는 경우와 경매로 사는 경우는 수익률의 차이가 극명하게 갈립니다. 그 이유는 토지 대출 때문인데요. 건물처럼 세입자를 들여 월세를 받는 것이 어려운 만큼 대출을 통해 투자금을 줄이는 것이 토지 수익률의 핵심입니다.

중개사를 통해 토지를 구입할 경우, 대출 금액은 시세의 60% 선입니다. 은행은 토지 대출을 할 때 자체적으로 감정평가를 진행하는데, 보통 매매가의 60% 정도 대출이 나온다고 보면 됩니다. 만약 1억 원에 토지를 구매했다면, 대출 금액은 6,000만 원이고 실투자금은 4,000만 원이 있어야 합니다.

반면에 경매로 토지를 취득할 경우에는, 대출 금액은 낙찰가의 80%입니다. 경매 물건은 법원을 통해 감정평가가 되어 있고, 이에 따라 감정가가 정해져 있습니다. 이미 신뢰 있는 기관을 통한 감정평가서가 존재하기 때문에 은행은 따로 감정평가를 진행하지 않습니다. 만약 감정가 이하로 낙찰을 받는다면, 은행 입장에서는 대출을 안 해줄 이유가 없는 토지인 것입니다. 또한 1년이 지난 뒤 재감정을 받는다면 추가적인 대출을 받을 수 있습니다.

앞서 살펴본 용도 전의 농지의 경매 예시를 보겠습니다.

항목	감정가	낙찰가	최저 실거래가	최고 실거래가
토지	72,705,000원	52,062,292원	7,400만 원	12,000만 원

토지의 시세는 주변의 거래 사례에 크게 영향을 받습니다. 내 토지 바로 옆의 토지가 1,000만 원이 올라서 거래되면, 오늘부터 내 토지도 1,000만 원이 오른 것이 됩니다. 이렇게 점점 거래가가 상승하면, 공시지가도 덩달아 상승하게 됩니다. 지가가 오르는 구조가 이렇습니다.

그럼, 수익률을 알아보겠습니다.

낙찰가는 약 5,200만 원이고, 대출은 농협은행에서 4,100만 원을 금리 5%로 받았습니다. 실투자금은 약 1,100만 원이 투입됐습니다. 취득세와 기타 비용을 포함한 총 취득 비용은 약 5,400만 원으로 계산했을 때, 수익률을 비교해보겠습니다.

항목	최저 실거래가 기준	최고 실거래가 기준
낙찰가	5,200만 원	5,200만 원
매도가	7,400만 원	12,000만 원
차익	2,200만 원	6,800만 원
양도세(2년 기준)	3,349,500원	17,633,000원
순수익	18,650,500원	50,367,000원
ROI	169.55%	457.88%

※ 대출 이자 및 부대 비용은 제외함

실제 매도가에 변동은 있겠지만, 단순 계산으로 봤을 때 토지 수익률은 타 부동산의 수익률과는 차원이 다릅니다. 아파트와 상가 투자가 덧셈의 투자라면, 토지는 곱셈의 세계입니다. 토지 투자는 여전히 블루오션입니다. 특히 경매 시장에서 토지는 2~3회의 유찰 끝에 반값에 낙찰되는 경우도 허다합니다. 옥석을 가려내는 능력만 있다면 돈 버는 것은 땅 짚고 헤엄치기입니다.

농지 투자 끝판왕. 농지연금

농지연금제도는 한국농어촌공사에서 실시하는 농업인의 노후 대책입니다. 원리는 주택연금과 비슷한데, 주택 대신 농지를 담보로 연금을 지급하는 방식입니다. 기존에는 농민들만 가능했지만, 이제는 귀농인들에게도 동일한 기준이 적용됩니다. 가입 자격은 만 60세 이상, 영농 경력 5년 이상을 충족시키면 됩니다.

놀라운 것은 연금 액수를 산정하는 담보물 평가 방식인데, 농지의 개별 공시지가 100% 또는 감정평가액의 90%로 평가합니다. 예를 들어 감정가 4억 원의 농지로 농지연금에 가입했을 때, 종신형의 경우 최대 매월 150만 원을, 10년 기간 정액형의 경우 매월 300만 원을 지급받을 수 있습니다. 경매로 농지를 저렴하게 낙찰받을 때는 투자금도 적게 들어가게 됩니다.

심지어 6억 원 이하의 경우 재산세도 면제되며, 농지의 가격이 내려가 채무를 상환하지 못해 처분 후의 부족금이 생겨도 이를 청구하지 않습니다. 2022년부터 가입 연령이 만 65세에서 60세로 대폭 완화됨에 따라 가입자 수가 증가하고 있어 재테크 수단으로 각광받고 있습니다. 가입은 주소지 관할 한국농어촌공사에서 신청할 수 있습니다. 농지 투자로 차익과 연금 두 마리 토끼를 모두 잡을 수 있습니다.

자료 5-5. 감정가 4억 원 기준 농지연금 종류와 월 지급금

연금 종류		월 지급금
종신형	종신 정액형	1,248,710원
	전후 후박형	1,511,680원(전)
		1,058,170원(후)
	수시 인출형	877,810원
기간형	5년	3,000,000원
	10년	3,000,000원
	15년	2,448,170원
	20년	1,958,500원

산지 투자하기(임야)

다음은 산지, 즉 임야에 대해 알아보겠습니다. 임야는 말 그대로 숲을 이루는 나무로 되어 있는 땅을 말하는데요. 숲 이외에도 습지나 모래땅, 황무지도 임야에 포함됩니다. 하지만 우리는 투자 가치가 있는 임야에만 관심이 있으니 산지 위주로 알아보겠습니다.

산지 투자를 이야기하면 기겁하고 고개를 절레절레 흔드시는 분들 많으실 것입니다. 주변에서 기획 부동산 회사에 당했다는 분들은 대부분 개발도 되지 않는 보전산지를 쪼개서 매수한 사례입니다. 10년이 지나도 땅값은 그대로이고 팔리지도 않으니, 임야는 사면 안 되겠다는 생각을 하게 되는 것입니다. 하지만 임야는 죄가 없습니다. 이번 장에서는 산지의 장단점과 사도 되는 산지를 알아보겠습니다.

산지의 장단점

우리나라 국토의 85%는 농지와 산지인데, 그중 65%가 산지입니다. 도시가 계속 팽창하면서 논과 밭은 대지가 되어 건물이 들어서고, 아파트가 들어섰습니다. 하지만 도시에 아파트만 있는 것은 아닙니다. 공장이나 창고와 같은 공업, 산업지도 꼭 필요합니다. 결국 도시화에 따라 산지의 규제 완화에 대한 필요성이 높아졌고, 농지의 대체제로 산지 투자가 활발해졌습니다.

1. 장점

산지는 무엇보다 쌉니다. 평당가로 비교했을 때 농지의 절반 이하의 가격이기 때문에, 같은 돈으로 더 넓은 면적을 살 수 있습니다. 또, 세컨 하우스 열풍이 불면서, 기존 주택과는 별도로 한적한 자연에서 별장처럼 이용할 수 있는 수요가 늘어나고 있습니다. 보통 별장이나 펜션은 산지를 개발해 만들기 때문에, 5도2촌(5일은 도시, 2일은 촌) 생활권 산지는 더욱 각광받고 있습니다.

취득할 때도 농지보다 간단한데요. 농지취득자격증명을 요구하는 농지와는 달리 산지 취득은 제출할 서류가 없습니다. 또 앞서 말했다시피 개발허가 비용도 농지에 비해 저렴하다는 것도 강점입니다.

2. 단점

장점만큼 단점도 존재하는데, 싸면 싼 만큼 다 이유가 있는 법이죠. 개발 가능한 산지, 즉 투자 가치가 있는 산지는 몇 가지 요건이 맞아야 합니다.

투자 가치가 있는 임야의 요건
준보전산지 中 산지 전용 제한 지역이 아닐 것
국고 보조를 받지 않았을 것
평균 경사도 25도 이하
입목 본수 50% 미만
연접개발 제한 없을 것
도로가 붙어 있을 것

천천히 살펴보겠습니다. 산지는 보전산지와 준보전산지로 나뉘는데, 보전산지는 쉽게 말해 국유림, 천연보호림처럼 보호해줘야 하는 산지입니다. 보전산지는 보호해주고, 투자는 준보전산지에만 해야 합니다.

준보전산지 중에서 먼저 확인해야 할 것은 도로가 붙어 있는지 여부입니다. 도로가 없으면 개발이 불가능한 것은 둘째치고, 시내 중심지와 동떨어져 있을 가능성이 높기 때문에 집을 지어도 아무도 살고 싶어 하지 않습니다. 자연을 아무리 좋아해도, 마트는 근처에 있어야 합니다. 그리고 사람은 사회적 동물이라, 혼자 동떨어져서 살기보다는 타운하우스처럼 소수라도 모여 사는 것을 선호합니다. 즉, 뷰는 좋으면서 사람들과 너무 동떨어지지 않은 곳이 투자 가치가 높습니다.

그다음으로는 평균 경사도입니다. 산지관리법상 평균 경사도가 25도를 넘으면 개발 허가를 내주지 않습니다. 산사태의 위험이 있기 때문이죠. 우리는 경치 좋은 악산을 사려는 것이 아닙니다. 평평한 동네 뒷산을 사야지 개발하기도 편하고, 추후에 매도도 쉽습니다. 마찬가지로 울창한 숲을 이루는 산지도 피해야 합니다. 산에 있는 나무의 구성을 입목 구성이라고 하는데, 나무의 평균 나이가 50년 이상인 활엽수림의 비율이 50% 이하여야 하고, 또 입목 축적은 150% 이하여야 합니다. 간단하게 말하면, 떡갈나무나 뽕나무 같은 잎이 넓은 나무가 많은 산지는 안 되고, 나무가 빽빽하고 울창하면 안 된다는 것입니다.

그 외의 제한구역이나 연접개발제한의 여부 같은 경우에는 관할 지자체에 개발이 가능하냐고 문의하면 상세히 설명해줍니다. 개발 허가와 관련된 일은 지자체 담당 공무원이 누구보다 제일 잘 알기 때문에 매입 전 꼭 확인 절차를 거쳐야 합니다.

자료 5-6. 매입해도 되는 산지(좌)와 매입하면 안 되는 산지(우)

출처 : 대법원 경매 물건

분묘기지권 있는 임야 해결하기

풍수지리를 공부한 유명한 지관이 이런 말을 한 적이 있습니다. "한국의 명당이란 명당 자리에는 하나도 빠짐없이 모두 묘가 있다"라고요. 명당뿐만 아니라 개발 가능한 산에는 꼭 분묘가 있습니다. 문제는 내가 사려는 땅에 분묘가 있는 경우인데요. 분묘기지권(墳墓基地權, 남의 토지 위에 묘를 쓴 사람에게 관습법상 인정되는 지상권과 비슷한 물권)이 성립하면 꼼짝 없이 그땅은 쓰지 못하게 됩니다. 그렇다고 분묘가 없는 토지만 찾고 다녀야 할까요? 그렇지 않습니다. 돈은 남들이 피하고 싫어하는 곳에서 나옵니다.

다음은 분묘기지권을 해결할 수 있는 방법을 알아보겠습니다.

출처 : 필자 제공

3개의 분묘가 위치하는 산지가 있다고 가정해보겠습니다. 분묘가 있는 땅은 분묘기지권이 성립될 여지가 불분명할 경우, 시세보다 한참 밑의 가격으로 거래가 됩니다. 하지만 분묘가 존재하고 분묘기지권이 성립한다고 해도 해결 방법은 존재합니다. 선 한 줄로 해결할 수 있다면 믿으시겠어요?

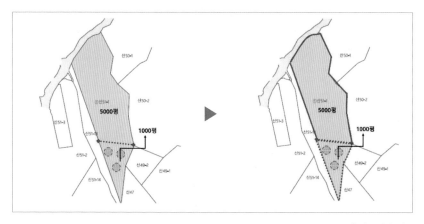

출처 : 필자 제공

필지에 분묘가 있는 부분에 선을 그어 분묘에 영향을 받는 부분과 받지 않는 부분을 나눕니다. 총 6,000평이라고 가정하면, 1,000평은 분묘기지권의 영향을 받지만 나머지 5,000평은 사용이 가능합니다.

만약 분묘가 없는 온전한 6,000평의 임야 가격이 1억 원이라고 한다면, 분묘기지권이 있는 토지 가격은 반값 정도입니다. 그중 내가 사용할 수 있는 면적 이외의 부분을 추가로 깎아서 매입하면 됩니다. 앞의 사례에서는 4,000만 원 정도에 매입하면 개발 후 충분한 이득을 볼 수 있습니다.

이게 끝이 아닙니다. 분묘기지권이 성립한다고 하더라도 분묘의 주인에게 토지 임대료(지료)를 청구할 수 있습니다. 지료는 합의로 정해지지만, 보통 점유한 토지 가액의 1~3% 정도로 청구할 수 있습니다. 앞 사례의 경우 분묘 1기당 각 30평을 점유한다고 가정했을 때, 각 분묘당 50만 원의 지료를 청구할 수 있습니다.

연금복권 말고 산지연금

농지를 소유한 경우에는 농지연금을 받을 수 있습니다. 그러면 산지를 소유한 경우에는 어떨까요? 산지연금이라는 제도가 새롭게 생겼습니다. 안 팔리는 임야를 산림청에서 매수해주면서 이를 연금 형태로 지급하는 것인데요. 매매 대금을 10년간 균등하게 지급하는 제도입니다.

2021년에 처음 도입되어 아는 사람들만 혜택을 보고 있던 제도인데, 최근에는 계약 체결 시 매매 대금의 40%를 선지급하도록 개선되면서 메리트가 높아졌습니다. 매수 대상 산지는 다음과 같습니다.

매수 대상 산지 조건

1. 국유림 확대 계획지 내 산림

2. 국유림에 접해 있는 산지

3. 국유림으로부터 떨어져 있는 경우 일정 크기 이상만 매수

4. 평균 경사도가 30도 이하

5. 암석지 또는 석력지가 5% 이하

지방산림청은 매수 계획의 산지를 산림청에 공고합니다. 공고를 열람하는 방법은 산림청 홈페이지의 행정정보에서 '사유림을 삽니다'를 클릭하면 됩니다.

제목	담당부서	작성일
[남부지방산림청] 2024년도 사유림매수 계획 변경 공고(영덕국유림관리소)	영덕국유림관리소	2024-03-27
[동부지방산림청] 2024년 공.사유림 매수 계획 공고	영월국유림관리소	2024-01-31
[서부지방산림청] [함양국유림관리소] 2024년 공·사유림 매수계획 공고	함양국유림관리소	2024-01-22

출처 : 산림청 홈페이지

앞 페이지에서 공고를 확인한 후, 조건에 맞는 대상의 산지에 매수 신청을 하시면 됩니다.

산지연금 예시를 들어 보겠습니다. 이렇게 한번 생각해볼까요? 감정가는 높은데 여러 번 유찰되어 말도 안 되는 저렴한 가격의 산지를 국가에 팔 수 있을까요? 만약 팔 수 있다면, 얼마의 수익을 볼 수 있을까요?

출처 : 스피드옥션경매

경상남도 거제시에 위치한 임야입니다. 감정가가 무려 27억 6,000만 원의 64,348㎡, 약 6.5헥타르의 임야입니다. 현재는 최저가 5억 8,000만 원으로 감정가 대비 21% 아래로 내려와 있습니다. 이 토지가 산지 연금 조건에 맞는다고 가정했을 때, 얼마의 수익을 얻을 수 있을까요?

자료 5-7. 산림청 '산지연금형 사유림 매수' 기준

감정가	27억 6,000만 원
낙찰가	5억 8,000만 원
선지급금(40%)	11억 4,000만 원
매달 (10년간)	약 1,700만 원

※ 2022년 기준 이자율 2.0%, 지가상승율 2.85% 적용

현재는 금액과 나이 모두 제한이 없기 때문에 메리트가 엄청납니다. 매입하려는 산지가 산림청 매수 조건에 해당하는지 여부는 국유림 사업소에 문의하면 자세히 알 수 있습니다. 연금복권을 사서 기다리기보다는 직접 손과 발로 뛰어서 연금 받을 수 있는 산지를 찾는 것이 '로또' 맞을 확률이 더 높습니다.

공장 투자 맛보기

"나는 상가처럼 월세도 받고, 토지처럼 시세 차익도 보고 싶다"라고 생각하는 욕심쟁이 있으신가요? 말 그대로 월세 받는 토지, 공장이 있습니다.

공장 투자는 생소하실 텐데요. 땅이 넓은 상가를 구입한다고 생각하시면 됩니다. 공장 투자는 지금까지 실소유자들을 위한 시장이었습니다. 그렇기 때문에 경기에 따라 매매가 잘되기도 하고, 안되기도 했습니다. 하지만 경기가 어려워도 공장이 멈추지는 않기 때문에 임차 수요는 꾸준합니다. 즉, 경기 불황 때 공장을 사서 임차인을 받아 월세 수입을 받다가 호황기에 시세 차익을 보고 매도하는 것이 공장 투자의 정석입니다.

공장에 투자할 때는 2가지를 중점적으로 확인하면 됩니다. 첫째, 임대 수요가 충분한지 아닌지와 둘째, 공장 진입 도로가 넓은지 여부입니다.

공장 임대 수요 알아보기

과거 30년 전만 하더라도 서울의 곳곳은 공장 지대였습니다. 성수동과 영등포, 당산은 대표적인 서울의 공업 단지였죠. 하지만 서울에 인구가 모여들고 개발이 되면서 공장은 설 자리를 잃게 됐습니다. 대표적으로 성수동 삼표 레미콘 공장과 구로구 개봉동의 한일 시멘트 공장과 같은 대형 공장뿐만 아니라 을지로에 위치한 영세 공장들까지도 혐오시설로 낙인찍혀 철거 및 이전을 하고 있습니다.

이렇게 서울에서 점점 밀려난 공장들은 경기도와 충청도에 자리를 잡았습니다. 이때 중국의 성장과 함께 평택항이 급부상하면서 평택항 근처로 공장들이 들어서게 됐고, 물류의 효율성과 더불어 저렴한 지가는 평택과 화성, 용인 등 경기 남부에 공장 수요를 견인했습니다.

방금 말한 경기 남부 지역의 공장 임대 수요는 끊임없이 유지되고 있습니다. 당연하게도 공장이 들어서면 인구가 증가하게 됩니다. 인구의 증가는 도시의 개발 압력을 높이기 때문에 지자체에서는 공장보다는 아파트를 짓고 싶어 하죠. 결국 지방으로 내려온 공장이 다시 님비(NIMBY) 현상*으로 내몰리면서 공장 설립 허가가 잘 나지 않고 있는 상황입니다. 즉, 공장은 공급 없는 수요라는 기형적인 블루오션 시장이 됐습니다. 이러한 희소성 덕분에 공장 투자는 매력적입니다.

---

* '내 뒷마당에서는 안 된다(Not In My Back Yard)'. 위험 시설 및 혐오 시설이 자신들이 살고 있는 지역에 들어서는 것을 강력히 반대하는 시민들의 행동을 일컫는 말.

공장 가치평가 하기

　공장은 상가와 토지의 장점을 모두 가지고 있습니다. 먼저 공장의 가치를 알기 위해서는, 토지 투자의 개념으로 접근해야 합니다. 결국 공장도 땅 위에 있는 것이기 때문이지요. 먼저 공장이 위치한 토지의 가격을 확인하고, 공장 임차 시 받을 수 있는 보증금과 월세를 계산해봅니다.

출처 : 스피드옥션경매

　경기도 화성시에 위치한 공장의 사례로 알아보겠습니다. 이 공장은 감정가보다 약 1억 5,000만 원 높은 가격에 낙찰됐습니다. 화성시 정남면은 평택과 인접한 지역으로 공장이 몰려 있는 지역입니다. 평택보다 저렴한 임차료로 인해 화성시에도 공장 단지가 많이 들어섰는데, 사실상 화성은 평택과 같은 권역을 공유하고 있다고 보면 됩니다. 또한 화성시 정남면은 주거 단지와 거리가 멀기 때문에 민원이 들어올 일이 없다는 장점이 있습니다.

하지만 감정가보다 높게 낙찰된 이유는 이 때문만은 아닙니다. 공장 건물은 차치하고, 토지 가격만 따져도 구매할 만한 이유가 충분했기 때문입니다.

2019년부터 화성시는 교통 정체와 환경 오염의 주범을 공장 단지로 정하며, 신규 공장의 허가를 쉽게 내주지 않는 상황이었습니다. 이로 인해 공장은 물론이고, 공장을 지을 수 있는 공장용지의 가격도 치솟는 상황이지요. 특히 도로의 폭이 넓은 공장용지는 희소하기 때문에 매물이 없고 부르는 것이 값인 상황이 됐습니다. 입찰 기일인 2022년 6월 기준으로 공장을 지을 수 있는 대지는 평당 300만 원에서 400만 원 이상까지 거래됐습니다. 말하자면 땅값만 최소 6억 4,800만 원 이상이라는 결론에 이릅니다.

또한 현황 조사서에 따르면, 공장의 임차인은 보증금 1,500만 원에 월세 80만 원을 내고 임차 중입니다. 수익률 월 5%의 1층 상가 공식을 적용해보면, 약 2억 원 가치의 임대료를 내고 있는 것입니다.

즉, 6억 4,800만 원 가치의 토지 위에 지어진 2억 원의 가치에 해당하는 임차료를 지불하는 공장이 땅값 정도에 낙찰된 것이지요. 2년이 지난 2024년 6월, 400m 떨어진 거리의 공장용지가 평당 343만 원에 매물로 나와 있습니다. 동일한 가격으로 이 공장을 매도한다면, 2년 만에 차익이 7,000만 원이 발생하는 것입니다.

공장 투자의 미래

위기는 곧 기회라고 하지요. 역대 최악의 경제 위기라는 말이 뉴스에 계속 나오고 있고, 공장들도 줄폐업하는 상황입니다. 반대로 생각하면 됩니다. 한국의 수출 품목 1위는 반도체이고, 2위는 자동차입니다. 대한민국 수출품 60% 이상이 2개의 품목에서 나옵니다. 반도체와 자동차는 다양한 공장에서 부품을 생산해야만 완성될 수 있습니다. 공장이 사라진다면 한국 경제의 중요 부분을 차지하고 있는 제조업이 타격을 입어 경제 성장이 둔화되고 고용이 감소되며, 가뜩이나 높은 대기업 의존도가 증가해 경제 불균형이 심화될 것입니다. 이런 상황인데 한국에서 공장들이 사라질 가능성이 있을까요?

공장과 공장을 지을 수 있는 땅은 계속 가치가 상승할 것입니다. 지금 이 순간에도 평택과 화성에서 공장을 짓지 못해 당진과 아산 같은 인접한 충청도 지역으로 공장들이 밀려나고 있습니다.

안정적인 시세 차익과 월세까지 받는 공장 투자도 투자 포트폴리오에 넣어야 합니다.

Part 6

인구 소멸과
대한민국 부동산의 미래

거주는 고향에,
투자는 서울에

강의 목적으로 방문한 대구에서 뜻밖의 질문을 받았습니다. "현재 5억 원을 가지고 있는데, 서울의 어디 지역에 투자하는 게 좋을까요?" 전통적으로 대구는 금융 자산 10억 원 이상의 자산가들이 많이 거주하는 지역이고, 특히 수성구의 경우 '대구의 강남'이라 불릴 정도로 부촌입니다.

대구뿐만 아니라 지방에 거주하고 있는 토박이들은 과거에는 자신의 고향 위주로 부동산 투자를 해왔지만, 이제는 고향이 아닌 서울을 선택지로 고려하고 있는 것입니다. 이 변화는 단순한 투자 전략의 변화일까요, 아니면 더 깊은 사회적 변화를 반영하는 것일까요?

전 국민이 다른 지역이 아닌 서울에 부동산을 투자하려는 이유는 오직 서울'만' 매력적인 투자처이기 때문입니다. 전국 각지의 사람들이 서울에 올라와 살기를 원하고, 서울에 집을 매입하고 싶어 하기 때문에 서울의 부동산만 고공 행진하고 있습니다. 지방 사람들이 자신의 지역을 버리면서 서울에 투자하는 패턴은 코로나19 엔데믹 이후 가파르게 나타나고 있습니다. 결국 이러한 변화는 단순 투자처의 이동이 아니라 우리 사회가 어떻게 변하고 있는지를 보여주는 하나의 지표입니다. 부동산에 대한 생각은 앞으로 어떤 방향으로 변모할까요?

추락하는 합계 출산율

"서울의 합계 출산율 0.5명대… 0~4세 인구 북한보다 적어…."

2024년 5월, 통계청이 올해 1분기 합계 출산율*을 발표하자 언론은 속보를 내기 시작했습니다.

합계 출산율 0.5의 의미는 100년 후 한국이 말 그대로 멸종된다는 것을 의미합니다. 사실 2010년대부터 저출산 노령화에 대한 문제의식은 민관에서 자주 거론됐지만, 본격적으로 위기라고 느낀 것은 윤석열 정부가 출범한 후 2023년부터입니다.

서울 지역 출산율은 타 지역에 비해 굉장히 낮은 편인데, 2015년 합계 출산율 1.0으로 반등한 후 쭉 내리막길을 걸어 2023년 0.55를 기록했습니다. 역대 최저 출산율로 신음하는 일본의 합계 출산율이 1.2라는 것을 볼 때, 한국의 출산율은 매우 심각한 상황입니다.

아이를 낳지 않는다는 것은 많은 사회 문제를 야기합니다. 모든 사회

* 한 여성이 가임기간(15~49세)에 낳을 것으로 기대되는 평균 출생아 수. 인구 성장이나 감소를 예측하는 데 중요한 역할을 하는데, 일반적으로 합계 출산율이 2.1명 정도일 때 인구가 장기적으로 안정적인 상태를 유지할 수 있다고 본다.

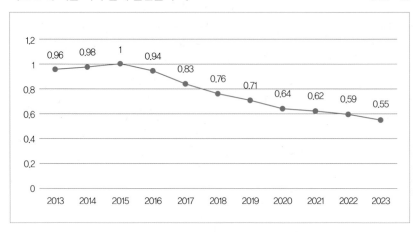

출처 : KOSIS

문제는 유기적으로 연결되어 있기 때문에, 한 부문이 문제가 일어나면 나비효과처럼 다른 여러 부문에도 심각한 영향을 끼칩니다. 일례로 아이를 낳지 않고 급격한 노령화가 진행되면, 생산가능인구가 극도로 줄어들기 때문에 세대 간 갈등이 격화될 수 있습니다. 국민연금이 특히 문제인데, 제도 자체의 큰 변화 없이는 2054년 기금 고갈이 사실상 확정입니다. 그렇게 되면 90년대생부터는 돈을 내고도 한 푼도 돌려받지 못하게 됩니다. 당연히 젊은 세대는 손해본다는 생각을 하게 되고, 사회 갈등은 극심해지겠지요.

한국의 국민연금 소득 대체율은 40%입니다. 다시 말하면 월 400만 원을 받는 사람이 퇴직하면 160만 원의 연금을 받는다는 것입니다. 한 번 커져버린 소비는 다시 줄이기 어렵습니다. 솔직히 말해서 월급에서 10만 원 아껴서 저금하는 것도 힘든데, 60%를 못 쓰게 된다는 것은 생활 수준이 급격하게 하락한다는 것을 말합니다. 지금의 노인 빈곤도 큰 문제지만, 앞으로의 노인 빈곤은 차원이 완전히 다른 문제로 다가올 것입니다.

안타까운 미래가 예상되는 가운데, 국회에서 검토되는 연금 개혁안은 정말이지 터무니없습니다. 특별위원회가 제시한 2개의 안 모두 미래 세대에게만 부담을 지우는, 다시 말해 기성세대를 위한 개혁입니다. 여론 조사에서 다수를 차지한 개혁안 1번은 보험료율을 현행 9%에서 13%로 인상하고, 소득 대체율을 10% 증가한 50%로 상향 조정하는 방안입니다. 결국 이 방안은 젊은 세대가 열심히 낸 돈으로 기성세대들이 받는 혜택을 늘리자는 것과 같습니다. 심지어 이 방안을 사용해도 2062년에 기금이 고갈됩니다.

사회 구조상 베이비붐 세대가 가장 많기 때문에, 다수결 투표의 결과는 젊은 사람이 손해를 짊어지는 1안이 됐습니다. 민주적인 투표인 다수결의 방식이 모든 세대를 대변해 주지 않는 만큼, 한쪽은 분명하게 불이익을 받는 상황이 펼쳐집니다.

심지어 이 국민연금은 준조세의 성격을 가지기 때문에 자칫 미납하

자료 6-2. 연금 개혁안 1안과 2안 비교

*매년 0.5%씩 낮춰 2028년 소득대체율 40%

구분	2023년 기준	1안(더 내고 더 받기)	2안(더 내고 그대로 받기)
보험료율	9%	13%	12%
소득대체율	*42.5%	50%	40%
기금 예상 고갈 시점	2055년	2062년(7년 연장)	2063년(8년 연장)

출처 : 국회 연금개혁특별위원회

면 개인 자산을 압류하기까지 합니다. 젊은 세대 입장에서는 돌려받지도 못하는 돈을, 강제 징수한다는 생각 때문에 반발이 심한 것이지요. 다른 한편으로는 연금에 정부 재정을 투입해야 한다고 주장하는데, 공적 기금을 세금으로 메꾸자는 것은 조삼모사라고 생각됩니다.

결국 아무런 양보와 타협 없이 연금 문제는 해결되지 않을 것이고 실질적 소득이 줄어드는 젊은 세대들은 코인이나 급등주 같은 투기 상품에 관심을 갖게 되고, 종국에는 부동산조차 투기에 사용될 것입니다. 공적 연금에 대한 사회적 양보와 합의가 꼭 필요합니다.

투자가 아닌 투기 상품이 되어버린 주택 시장

2017년부터 2022년까지 5년간 지속됐던 문재인 정부의 부동산 정책은 반복된 실패로 많은 비판을 받았습니다. 헌정사상 최초로 민주당계 정당이 정권 연장에 실패한 원인은 부동산 안정화에서의 실책 때문으로 볼 수 있습니다. 26번이나 부동산 정책을 바꿨음에도 불구하고, 부동산 가격을 안정화하긴커녕 오히려 서울 아파트값 평균이 2배가 뛰어 대중들이 정부에 큰 실망감을 느끼게 됐습니다.

반발이 가장 컸던 것은 땜질식 '핀셋규제'인데, 국토·건설 분야에 전문성이나 경험이 전무한 낙하산 장관이 숲을 보지 못하고 응급 처치만 계속하며, 결국 일반인도 투기꾼으로 만들어버렸습니다. 집값에 대한 전방위적인 규제가 아닌 특정 지역이나 계층에 대해서만 '핀셋'처럼 규제를 하니 발 빠른 투자자들이 사각지대에 있는 상품에 투기하는 것은 당연한 결과지요.

여러 부동산 투기 사건 중 가장 충격적인 것은 '공시지가 1억 원 이하 주택 투기'입니다. 다주택자에 대해 과도한 취득세를 부과하는 규제를 이어 나가자, 투자자들은 규제 사각지대에 위치한 공시지가 1억 원 이하 주택을 무차별적으로 매입하기 시작했습니다. 정부는 공시지가 1억 원 이하 주택은 투기 대상으로 보기 어렵고, 시장 침체에 대한 배려가 필요하다는 이유를 근거로 취득세 중과 대상에서 제외시켰습니다. 서민을 위한 주택이 아이러니하게도 다주택자들의 투기 타깃이 되어버린 것이지요.

시장에는 1억 원 이하 아파트는 물론이고 빌라까지 투기의 마수가 뻗어 나갔는데, 가치가 떨어지는 저가 주택에 전세를 껴서 투자하는 갭 투자가 성행하게 됐고 정부는 이 풍선 효과를 막기 위한 또 다른 규제를 진행했습니다. 규제가 규제로 이어지며 시장에는 혼란이 가득했습니다.

잔치가 끝난 후, 가장 먼저 눈물을 흘린 사람은 서울과 먼 지방의 공시지가 1억 원 이하 주택을 산 사람들입니다. 본인들이 실거주를 할 수도 없고, 버블이 낀 상태로 구매해서 쉽게 팔리지도 않는 주택은 애물단지가 되어버렸습니다. 심지어 매년 재산세까지 물어줘야 하니 투기의 대가는 잔인하지요. 투기꾼을 생성한 국가와, 혹독한 대가를 치른 국민들이 보는 부동산에 대한 시각은 어떻게 달라졌을까요?

본격화된 지방 소멸,
나아질 기미는 없다

울산, 창원, 거제는 과거 대한민국을 먹여 살리던 굴뚝산업(Smokestack industry)의 대표 지역들입니다. 산업화와 함께 성장한 이 지역들에서 더 이상 과거의 영광은 찾아볼 수 없게 됐습니다. 수도권을 제외한 유일한 특례시*인 경상남도 창원시는 점점 인구가 줄어 2025년에는 100만 명 붕괴가 유력합니다. 전국 4개뿐인 특례시 중 창원시의 지위가 박탈된다면 결국 특례시의 수도권 집중화가 고착될 가능성이 매우 높습니다.

창원시조차 이러한 상황인데, 다른 지방 도시들은 어떨까요? 타 지방 도시의 인구 감소는 너무나도 뻔한 일입니다. 목포나 고성, 함양과 같은 소도시뿐만 아니라 광주나 부산, 대구 등 광역시의 미래조차 어둡습니다. 지방 소멸이 아니라 지방 '사멸'이라고 보는 시각도 등장하고 있습니다.

---

* 인구 100만 명과 지역 경제력 및 행정 수요 등의 기준을 충족한 대도시를 대상으로, 기초 자치 단체로서의 권한 외에도 광역시 수준의 광범위한 권한과 혜택을 준다. 2024년 기준으로 수원시, 고양시, 용인시 그리고 창원시가 있다.

주택 시장의 문제보다 더욱 심각한 상황은 상업용 부동산 시장입니다. 인구가 수도권으로 유출되면서 지방의 상권이 급격하게 무너지고 있습니다. 지역 상권의 붕괴는 경제 전반의 침체를 불러오며, 많은 지방 소상공인들이 가게 문을 닫고 있는 실정입니다. 한국부동산원의 통계에 따르면, 서울의 상가 공실률은 2022년 1분기 7.1%에서 2024년 1분기에는 5.4%로 낮아진 반면에 지방의 공실률은 증가했고, 특히 충북의 공실률은 26.4%로 전국에서 가장 높았습니다.

자료 6-3. 창원특례시청 전경

출처 : 창원특례시 홈페이지

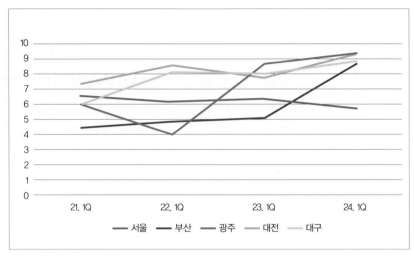

자료 6-4. 상업용 부동산 공실률(소규모 상가 유형에 한함)　　　　　　(단위 : %)

출처 : 부동산통계정보시스템

인구 감소와 상권 붕괴의 악순환은 지방 자치 단체의 존립에도 큰 영향을 미칩니다. 자영업자의 몰락은 세수 감소로 연결되고, 결국 공공 서비스 제공에도 부정적인 영향을 미치게 됩니다. 큰 틀에서 볼 때, 지방의 인구 감소는 지역 경제의 붕괴, 더 나아가 지방 부동산의 기피 현상으로 이어지는 것입니다.

지방 소멸을 받아들여야 대한민국이 산다

그렇다면 지방 소멸을 어떻게 받아들여야 할까요? 이를 알아보기 전에 지방이 왜 소멸했는지 알아봐야 합니다. 먼저 신도시 계획입니다.

노태우 정부 시절, 주택 200만 호 공급을 목적으로 시작했던 1기 신도시가 수도권 중심으로 개발되고, 서울과 경기도를 하나로 잇는 지하철로 인해 수도권은 하나의 생활권이 됐습니다. 이후 3기 신도시까지 경기도 지역 중심으로 개발하면서, 신도시가 지방의 인구를 빨아들이는 블랙홀이 됐습니다. 서울과 경기도에 정부의 역량을 '몰빵'하고, 지방의 신도시 개발과 정비를 도외시한 결과가 오늘날의 지방 소멸입니다.

자료 6-5. 수도권 1, 2, 3기 주요 신도시 현황

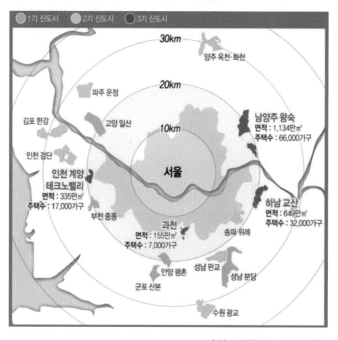

출처 : <연합뉴스>, 국토교통부

이와 비슷하게 수도권 광역급행철도(GTX) 계획 역시 지방 소멸을 부추기는 기폭제입니다. 현재 GTX 노선은 총 8개로, 아래로는 천안과 아산, 위로는 동두천시까지 수도권을 연결합니다. 물론 전국을 연결해서 교통

난 및 출퇴근 불편 해소로 삶의 만족도를 증가시킨다는 점에서 의도는 좋습니다. 하지만 문제는 서울 접근성이 좋아져서 사람들이 다시 서울로 모이게 되고, 지방은 쇠락하게 된다는 것입니다. 이를 '빨대효과'라고 하는데 음료를 마실 때 빨대로 음료를 빨아들이듯, 교통이 편리해지면 서울이 지방의 도시를 흡수하게 되는 것을 말합니다.

예를 들어, 몸이 아파서 병원을 가야 하는 상황에서 교통이 편리해지면 서울의 빅3 병원(서울대학교병원, 아산병원, 삼성서울병원)을 선택하기 쉬워집니다. 이는 지방 병원을 이용하지 않고, 서울로 향하는 환자들이 늘어나는 결과를 초래할 것입니다. 결국 지방의 병원들은 쇠락하게 될 것이고, 지방의 필수 의료 붕괴가 가속화되겠지요.

비단 지역 의료 붕괴뿐만 아니라 사회 인프라와 행정 서비스 등 여러 측면에서 지방에서의 생활이 점점 어려워지고 있습니다. 인위적으로 지방을 살리기 위해서는 다양한 사회적 비용을 고려해야 합니다. 한 지역에 1명이 살든, 1만 명이 살든 필수적으로 들어가는 행정 비용은 동일합니다. 인구가 적은 지방을 유지하기 위해 비효율적으로 세금을 사용하는 것이 과연 바람직한 방향인지 생각해볼 필요가 있습니다.

수도권 광역급행철도 계획, 가능할까?

2009년 4월, 김문수 경기도지사가 GTX 계획을 수립하고 발표한 후, 15년이 지난 2024년 첫 번째 노선인 GTX-A 노선이 부분 개통됐습니다. GTX 이슈만 나오면 집값이 들썩이고, 노선 계획이 없는 지역들에는 민원이 빗발치고 있습니다. 지금은 'GTX 플러스'라고 불리는 G 노선과 H 노선까지 추가됐는데, 정말 가능한 계획인지, 선심성인지 모를 정도로 마구잡이식으로 예상 노선도가 나오고 있습니다. 이제는 되는 노선, 안되는 노선 옥석 가리기가 필요합니다.

먼저 유일하게 개통된 GTX-A 노선을 알아보겠습니다. A 노선은 수서역-성남역-동탄역만 일부 개통된 상태입니다. 대부분의 문제는 전 구간이 개통되면 해결될 것으로 보이지만, 개통이 지연되고 있다는 점이 큰 문제입니다. 개통 지연에 따른 손실 보전금 문제뿐 아니라, 첫 번째 노선에 차질이 생기면 이후 예정되는 타 노선도 늦어질 것이 뻔하기 때문입니다. 이와 함께 요금 문제도 있는데, 일부 구간이 민자 사업으로 진행되면서 다른 광역철도에 비해 가격이 2배가량 높습니다. 심지어 정식 개통하면 운임이 더 상승될 것으로 예상되어, 교통망의 본질에 대해 의문을 갖게 합니다.

자료 6-6. 광역급행철도(GTX) 노선도

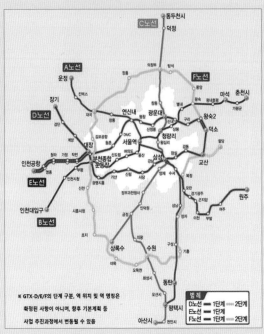

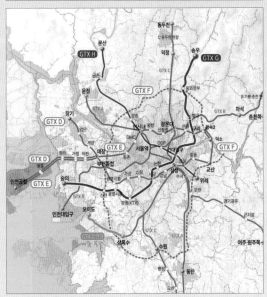

출처 : 경기도청

현시점에 건설 중인 GTX 노선은 B와 C뿐입니다. 광역철도망은 여러 지자체를 지나는 만큼 지역 간 협의가 필요한 사안인데, 그중 민원도 발생하고 다양한 요구 사항도 생기기 때문에 사업 진행 속도가 느려지게 됩니다. 일례로 GTX-B 노선 16번 환기구 설치를 성동구민이 반대하자 동대문구 용두공원으로 옮기기도 했습니다.

아직 1기 GTX도 완공이 되지 않은 상태에서 D부터 H 노선까지 5개를 추진하려는 것이 현실성이 있는지 의문이 듭니다. 물론 국가철도망 구축계획의 실현과 국민들의 안전하고 편리한 교통망 이용은 중요하지만 말이죠. 사업 진행 가능성이 있는지, 그리고 기간은 얼마나 걸리는지 확인하고 투자에 나서야겠습니다.

자료 6-7. 수도권 광역급행철도(GTX) 노선 (2024년 6월 기준)

A 노선	운정역 - 동탄역
B 노선	인천대입구역 - 마석역
C 노선	덕정역 - 수원역/상록수역
D 노선	장기역 - 팔당역, 원주역
E 노선	인천공항2터미널역 - 덕소역
F 노선	의정부역 - 수원역 - 의정부역
G 노선	송우역 - 숭의역
H 노선	문산역 - 위례역

혁신 없는 혁신도시

혁신도시는 지방의 균형 발전을 위해 만들어진 도시입니다. 공기업과 정부 기관을 지방으로 보내는 것을 주요 골자로, 지방 소멸을 막고 지역 경제를 활성화시키려는 목적으로 탄생했습니다. 하지만 혁신도시를 둘러싸고 많은 문제가 있습니다.

'나베리아'라는 말을 들어 보신 적 있으신가요? 2015년 지방 균형 발전의 일환으로 전라남도 나주로 이전한 한국전력공사(한전) 직원들이 인프라가 부족한 나주를 자조하며, '나주'에 '시베리아'를 합성한 말입니다. 성공적인 공공기관 이전 사례라고 평가받는 나주 혁신도시조차 불만의 목소리가 나오는 것은 다름 아닌 지방의 한계 때문입니다.

인프라의 미흡보다 더 큰 문제는 서울에 없다는 사실 그 자체입니다. 예부터 말은 제주도로 보내고, 사람은 서울로 보내야 한다는 인식이 강하게 있는 대한민국에서, 서울이 아닌 지방에 있다는 것은 뒤처진다는 것을 의미합니다. 대학도 인서울을 외치는 나라에서, 인재의 원활한 공급이 필요한 최고의 공기업을 서울이 아닌 나주로 보내는 아이러니한 상황에 나베리아라는 자조가 나오는 것은 당연해 보입니다.

한전 이전으로 나주의 인구는 8만 7,000명에서 11만 7,000명으로 3만 명 증가했습니다. 정부는 통계를 기반으로 혁신도시의 등장이 인구 증가로 이어져 지방이 살아나고 있다고 주장합니다. 하지만 생활 인구가 아닌 주민등록만 해놓고, 주말에는 서울로 떠나는 등록 인구가 증가한 것이 지방 활성화와 발전에 도움을 주는 것이 정말 맞을까요?

문제는 이뿐만이 아닙니다. 타향살이를 기피하는 MZ 세대를 중심으로 차장 진급을 포기하고 '만년 과장'으로 남겠다는 직원들이 증가하고 있습니다. 한전의 경우 차장으로 진급하면, 전국 순환 근무를 시작하기 때문에 과장들이 승진을 포기하고 의도적으로 진급 시험을 보지 않고 있습니다. 노력하는 인재들이 손해를 보는 하향 평준화된 사회를 국가가 만들고 있는 것이죠. 장기적인 관점에서 볼 때, 공기업 이전이 지방 발전에 정말 도움이 되는 것인지 의문이 생깁니다.

다시 보는 대한민국 투자 지도

국토 균형 발전은 정말 가능할까?

대한민국 헌법 제123조는 균형 발전을 통해 지역 경제를 육성할 의무가 있다고 명시함으로써 국토 균형 발전을 법으로 명문화했습니다. 실제로 정부는 다양한 계획을 세움으로써 지방을 발전시키려고 노력했습니다. 그 노력 중 하나가 혁신도시이지요.

하지만 시대가 바뀌었습니다. 인구 감소는 필연적이고, '지방 탈출'로 인한 슬럼화가 가속화되고 있습니다. 정부가 인위적으로 지방 발전을 시킬수록 자유로운 시장 경제를 막는다는 반발 여론이 거세지고 있는 상황이죠.

정치적 사안은 접어두고, 부동산 투자적인 관점에서 서울과 경기도 일부 지역을 제외하고는 투자 가치가 없다고 생각됩니다. 과거 몇 년 전까지만 하더라도, 인구 30만 명 이상의 도시들까지는 수익을 낼 수 있다고 예측했습니다. 하지만 인구 감소 추세가 과거보다 심각해졌고, 지방 사람들의 인식 또한 지방을 '탈출'하고, 서울로 떠나는 것이 당연하다고 여겨집니다.

부동산 투자는 주식이나 코인과는 달리 최소 2년에서 10년 이상까지 길게 보고 접근해야 하는 투자입니다. 단순히 오늘내일의 거래량과 상승 폭만 보고는 백전백패할 수밖에 없습니다. 투자는 예측이 아니라 대응이라고 하지만, 그렇기 때문에 대응이 불가능한 지역은 투자적 관점에서는 지양해야 합니다.

세부적으로 본다면, 주택 시장에서 수익성이 가장 높을 1급지는 한강 변을 끼고 있는 지역입니다. 강남구와 서초구, 용산구 그리고 광진구와 마포구 일부 지역까지는 앞으로 상승 여력이 매우 높습니다. 특히 압구정동과 반포동 그리고 뉴타운 개발을 통해 천지개벽할 한남동은 특별한 일이 아니면 가격 하락은 없을 것입니다. 그리고 아직 저평가 되어 있지만 뚝섬한강공원을 끼고 있는 광진구 자양동도 다른 한강 변 지역과 키맞추기를 할 가능성이 높습니다.

자료 6-8. 한강 공원 지구별 위치 및 면적

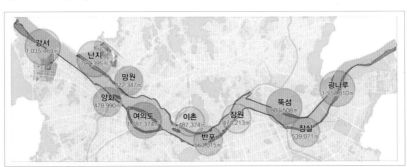

출처 : 서울시 한강변관리기본계획

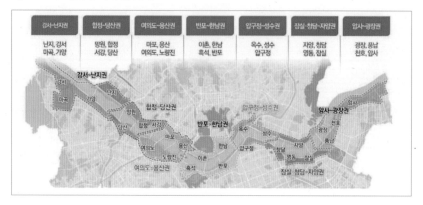

출처 : 서울시 한강변관리기본계획

하지만 한국 주거용 부동산의 문제는 도쿄나 뉴욕의 부동산처럼 국제 수요가 풍부한 것이 아니라, 오직 국내 수요에 의존하고 있다는 점입니다. 서울과 수도권 일부 지역 부동산은 결국 상승하겠지만, 다른 글로벌 자산에 비하면 수익률은 결코 높을 수 없고, 오직 인플레이션 헤지 수단으로서 기능할 것입니다. 종국적으로 한국의 부동산을 구매하는, 소위 말해 '큰손'들은 국내 부동산이 아닌, 해외 부동산에 눈을 돌리게 되겠지요. 국내 부동산 투자의 메리트가 사라지는 것입니다.

상업용 부동산 시장은 좀 낫습니다. 뉴욕과 홍콩의 오피스 공실률이 15%를 상회함에도 불구하고, 서울의 오피스 공실률은 2%대를 기록하고 있습니다. 특히 GBD(강남 업무지구)의 공실률은 1.8%로 자연공실률*보

---

* 부동산 시장에서 정상적이고 건강한 수준으로 여겨지는 공실률을 말한다. 이는 시장이 균형 상태에 있을 때 자연스럽게 발생하는 공실의 비율로, 일반적으로 5% 정도로 간주된다.

다 낮은 수치입니다.

기업들이 서울로 몰리고 있지만, 서울 내 개발 가능한 땅이 부족하기 때문에 수요와 공급의 불균형이 심하게 일어나고 있습니다. 또 유연한 근무가 가능한 외국과는 달리 한국은 근로 문화 특성상 출퇴근이 정해져 있고, 인재들을 유치하기 위해서는 서울 핵심 지역에서 기업 활동을 해야 한다는 점 때문에 서울 오피스 시장은 불황이 없는 상황입니다.

따라서 상업용 부동산의 경우에는 업무 지구 내 상가와 오피스를 구입하는 것이 공실 걱정 없이 수익을 보장받을 수 있습니다.

디벨로퍼처럼 생각하고 행동하라

토지 시장은 다른 관점으로 바라봐야 하는데요. 앞으로 부동산으로 돈을 벌기 위해서는 토지와 개발을 무조건 알아야 합니다. 토지 개발에 관심이 있는 사람들은 '디벨로퍼'라는 단어를 들어봤을 것입니다. 디벨로퍼(Developer)란 부동산 개발업자를 뜻하는데, 땅 매입부터 기획, 설계 그리고 판매까지 부동산 개발에 총체적으로 관여하는 업무를 뜻합니다. 앞으로 여러분들이 돈을 벌기 위해서는 디벨로퍼처럼 생각하고 행동해야 합니다.

투자를 하기로 결심했을 때, 찾아봐야 할 것은 유튜브나 블로그 글이 아니라 국가의 개발계획입니다. 앞에서 언급했다시피 국토종합계획과 국가철도망계획에 돈이 되는 미래가 나와 있습니다. 추가적으로 정치·사회의 변화를 유심히 본다면 실현이 될 계획과 말뿐인 계획을 구분하는 능력을 갖게 됩니다.

제5차 국토종합계획을 통해 앞으로 국가가 주도적으로 발전시킬 지역과 교통망의 발달로 인구가 몰릴 지역을 명확하게 알 수 있는데, 수도권의 경우 평택과 화성, 용인과 같은 반도체 클러스터에 인접한 지역들이고, 비수도권 지역으로는 새만금과 오송 국제도시가 발전 가능성이 큽니다. 기업이 몰리는 지역은 자연스럽게 인구가 늘기 때문에 개발업자 입장에서는 이런 지역의 땅을 저렴하게 매수해서 빌라를 짓거나 상가를 지어서 분양하면 수익을 낼 수 있습니다.

국가가 콕 집어준 지역은 신뢰도가 높고 안전하기 때문에 개인 투자자는 물론, 기업형 투자도 몰리게 됩니다. 모름지기 투자에는 명분이 있어야 하는데, 국토종합계획이라는 근거가 있으니 장기 투자가 가능합니다.

다음은 정치·사회의 변화에 따른 투자입니다. 개발계획이 소문만 있고 명문화되어 있지 않은 지역이어도 정치·사회적 흐름에 따라 개발이 될 수밖에 없는 지역이 있습니다. '국토의 균형 발전'이라는 명제는 좌우를 막론한 초당적인 과제이기 때문입니다.

한국에는 심각한 불균형을 가진 2가지 지역적 갈등이 있습니다. 먼저 경기 남북부 간 갈등입니다. 경기 남부는 2000년대 이후 강남의 발전과 함께 급속도로 커졌습니다. 강남과의 '접근성'이 좋다는 이유 하나로 다양한 개발이 이루어졌고, 2010년 완공된 판교테크노밸리의 성공적인 발전으로 경기 북부 도시와는 돌이킬 수 없는 격차가 벌어졌습니다.

반면, 경기 북부는 다양한 규제로 인해 개발이 지체되면서 전체적으로 낙후된 모습을 보입니다. 북부의 유일한 신도시인 일산 신도시는 쾌적한 거주 환경에도 불구하고, 강남과의 거리가 멀어 집값이 잘 오르지 않고 있습니다. 분당에 비해 일산이 가지는 유일한 장점이 적은 재산세 밖에 없다는 자조 섞인 농담이 나오는 이유입니다.

두 번째는 영남과 호남 간 갈등입니다. 대한민국이 태동할 때부터 시작된 오랜 갈등인 영호남 갈등은 지역 불균형 발전으로 나타났습니다. 영남에 6개나 있는 복합 쇼핑몰이 호남에는 1개도 없는 것이 이를 단편적으로 보여주는 예시입니다.

과거 영남 중심의 개발과 5·18 광주 민주화 운동 이후 호남의 소외감 등으로 지역 간 갈등이 심화됐지만, 오늘날에는 이촌향도로 인해 지역 감정은 거의 소멸됐습니다. 하지만 여전히 남아 있는 불균형 발전은 정치적 사회적으로 큰 문제로 남아 있습니다.

이를 해결하기 위한 방법이 새만금 개발입니다. 비록 잼버리 대회 파행과 새만금 신공항 재검토 등 산재되어 있는 다양한 문제들이 많지만, 여야가 의지를 갖고 투자를 유치하고 개발하는 만큼 머지않아 완성될 것으로 보입니다.

경기북부특별자치도 탄생과 잠재력

자료 6-10. 경기 북부 10개 시군

경기 북부 10개 시·군

출처 : 경기도청

   경기도는 대한민국에서 가장 인구가 많은 광역자치단체이자 서울과

함께 수도권을 이루고 있는 지역입니다. 수도권이라는 특수성 덕분에 엄

청난 성장을 이룩했지만, 비대한 크기로 인해 남북으로 나뉘어 사뭇 다

르게 발전되어 왔습니다. IMF 직후 강남의 엄청난 발전과 함께 강남과

근접한 경기 남부는 경제·사회·문화적으로 급격하게 발전했습니다. 또

한 서해안 라인을 따라 평택과 화성까지도 산업 단지가 들어서면서 경

제적으로 풍족하게 됐습니다.

　이와 반대로 경기 북부 지역은 '상수원 보호구역 규제'나 '군사기지 및 군사시설보호법' 등으로 인해 개발이 제한되어 낙후된 모습을 보입니다. 또한 북한과 인접한다는 이유로 기업의 유치도 쉽게 되지 않는 상황입니다. 이러한 이유로 경기도 내에서도 균형 발전의 필요성이 대두되고 있습니다. 개발이 되지 않았다는 것은 다시 말해 잠재력이 크다는 말과 같습니다.

　행정 구역 개편의 붐과 함께 2022년 김동연 경기도지사는 경기 북부를 특별자치도로 분리하는 계획을 추진했습니다. 그 계획의 일환으로 경기 북부의 SOC(사회간접자본) 개발을 위해 2040년까지 34조 원을 투자한다고 밝혔습니다. SOC에 투자하면, 사람들을 모으고 도시를 활성화시키는 효과를 가져오게 됩니다. 경기도는 국지도 84호선 연장과 GTX-D 노선을 포함한 18개의 도로와 13개의 철도를 건설하고, 규제 완화를 위한 법 개정도 준비하고 있습니다.

영호남 화합의 초석, 새만금

자료 6-11. 새만금 5개 권역

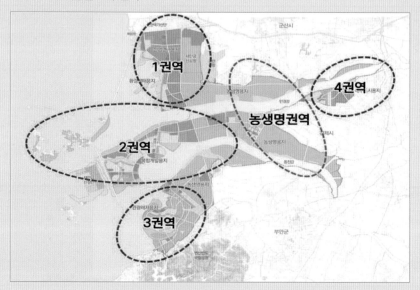

출처 : 새만금개발청

　　새만금은 제5차 국토종합계획이 발표되면서 정부의 개발 의지가 여실히 드러난 지역입니다. 제5차 국토종합계획은 혁신도시, 행복도시(세종시) 그리고 새만금, 이 3가지를 중점적으로 이야기하고 있습니다. 새만금의 중요성은 세종시와 동일하다고 볼 수 있겠지요. 국토종합계획의 요지는 국토의 균형 있는 발전입니다. 정치적, 사회적으로 호남 지역은 소외받고 있다는 인식이 강하기 때문에, 정부는 의지를 갖고 새만금을 성공적으로 개발할 것으로 보입니다.

새만금은 1991년에 착공했지만 30년이 지난 지금까지 완공되지 못하고 있습니다. 너무나 방대한 계획이라 단기간에 성공시킬 수 없는 사업입니다. 즉, 정치적으로 여야를 막론하고 합치를 해야 가능한 사업입니다. 보수 정당의 윤석열 정부가 출범하고서 새만금에 조 단위의 투자가 유치되고, 국내외 기업들이 투자 의향을 보이면서 새만금 개발계획이 점점 실현되어가고 있습니다.

새만금은 총 5개의 권역으로 나뉩니다. 그중 눈여겨봐야 할 것은 부안군이 속한 3권역입니다.

1권역과 2권역은 산업 용지 및 개발 용지로 계획되어 있어 가장 가치가 높은 지역입니다. 하지만 가치가 높은 만큼, 가격대가 매우 높기 때문에 개인이 투자하기에는 좋은 투자처는 아닙니다.

개인이 투자하기 좋고, 아직까지 저평가된 지역은 3권역입니다. 3권역은 새만금 남측에 해당하는 곳으로, 수변을 활용한 관광 레저 용지로 지정됐습니다. 지역으로는 전북 부안군이 해당하는데, 국도 30번과 23번이 개발축으로 투자 가치가 높습니다.

초고급 주택 등장과 베블런 효과

"강남 아닌 '강북'에 등장한 평당 1억 원 아파트… 포제스한강 완판."

지난 2024년 1월에 분양했던 서울시 광진구에 위치한 포제스한강은 전통적 부촌인 강남이 아닌 강북임에도 불구하고, 평당 1억 원이 넘는 가격으로 청약을 진행했습니다. 평당 가격으로만 따졌을 때, 압구정 한양아파트와 동일한 가격으로 분양을 진행한 것이죠.

시장의 우려와 대중들의 비난 속에서 이 아파트는 1순위 청약에서 완판됐습니다. 최종 경쟁률 10 대 1. 초고급 주택은 불황이 없다는 것을 보여주는 사례가 됐습니다.

고급 주택은 가격만 높은 '고가 주택'과는 다릅니다. 높은 가격은 물론이고 70평 이상의 넓은 면적과 한강 또는 숲이 보이는 조망권, 사생활이 보호되는 환경 등 다양한 요인이 충족되어야 합니다. 한국과 유사한 사례로는 도쿄의 롯폰기를 들 수 있는데, 롯폰기힐스 레지던스를 필두로 한 고급 아파트 단지는 최고급 주거 환경과 서비스를 제공해 연예인과 기업인들이 입주한 것으로 유명합니다.

과거 고급 주택은 사용 가치가 높을 뿐 투자 가치는 떨어진다는 의견이 많았지만, 용산구 한남동에 위치한 '나인원한남'이 200억 원에 거래되면서 역대 아파트 중 최고 매매가 기록을 갈아 치우고, '한남더힐'과 '아크로서울포레스트'도 100억 원을 돌파하면서 초고가 고급 주택에 대한 재평가가 이루어지고 있습니다.

현재 강남구 청담동, 서초구 잠원동과 같은 서울 내 부촌은 물론, 부산의 해운대구에서도 초고급 아파트들이 등장하고 있습니다. 2027년 입주 예정인 '에테르노 압구정'의 경우 분양가가 최고 800억 원에 달할 정도로 일반인이 상상하기 어려운 금액에 거래되고 있습니다.

자료 6-12. 서울 주요 고급 주택

지역			단지명	세대 수	분양 금액	준공
서울	강남구	청담동	워너청담	16	180~360억 원	2025년 말
			루시아 청담	45	65~300억 원	2027년
			에테르노 압구정	29	190~800억 원	2027년
		삼성동	라브르 27	27	130억 원	2026년
		신사동	더피크도산	25	115~450억 원	2027년
	서초구	잠원동	아스턴 55	26	300~800억 원	2028년
		반포동	더 팰리스 73	73	115~500억 원	2027년
		방배동	마제스힐	28	160~500억 원	2027년
		내곡동	르엘 어퍼하우스	222	53~117억 원	2027년

이런 100억 원대 이상 초고급 주택의 등장은 부동산 시장의 새로운 양상을 예고합니다. 먼저 주택 시장에서 소비의 양극화가 심해졌다는 점입니다. 서민 경제는 어렵지만 고액 자산가들은 지속적으로 증가하고 있고, 이들은 럭셔리 자산인 고급 주택을 경쟁적으로 매입하고 있습니다. 이를 경제학에서는 '베블런 효과(Veblen effect)'라고 하는데, 가격이 상승할수록 오히려 그 수요가 증가하는 현상을 말합니다. 단순히 '가성비' 소비가 아닌 '가심(心)비* 소비가 부동산 시장에도 스며든 것이지요.

* 가격 대비 심리적 만족도를 일컫는 말. 개성을 추구하는 MZ 세대가 소비 시장의 주역으로 등장해 상품의 감정적 가치나 특별한 경험 제공이 중요해졌다.

두 번째는 프라임 로케이션(prime-location), 즉 최고의 입지를 갖춘 지역은 지속적으로 가치가 상승할 것이라는 점입니다. 고급 주택이 위치한 청담동, 한남동, 잠원동 등은 교통 편의성과 백화점, 음식점, 문화 시설 등 훌륭한 인프라를 갖추고 있습니다. 앞으로 부동산 상승을 견인하고 지표가 되는 지역은 바로 이러한 프라임 로케이션이 될 것입니다.

조선 말 '쇄국 정책'에서
벗어나지 못하는 현대 대한민국

조선 말기 고종의 아버지인 흥선대원군은 서양 열강에 통상을 거부하고, 문호를 닫는 쇄국 정책을 실시했습니다. 병인년과 신미년 두 번의 양요를 겪은 후 전국에 척화비를 세우면서 쇄국을 공고히 했습니다. 결국 고종이 흥선대원군 집정에서 벗어나고 친정을 시작하자 이 틈을 탄 일본이 1875년 운요호 사건을 일으켜 강화도조약을 체결함으로써 쇄국 정책이 끝나게 됩니다.

쇄국 정책은 국제 정세를 읽지 못했고 조선의 근대화를 늦췄다는 비판을 받는데, 현재 한국의 금융 시장은 과거 조선이 했던 실수를 되풀이하고 있습니다. 한국은 정부가 정책으로 금융 시장에 직접 개입하는 관치 금융의 형태를 띱니다. 시장 경제 논리에 따라 금융 시장 개입을 최소화하는 금융 선진국과는 달리 한국은 시장에 적극 개입하는 등 '글로벌 스탠다드'와는 정반대의 행보를 보이고 있습니다. 우파 정권의 공매도 금지나 좌파 정권의 이익 공유제가 그 예입니다.

부동산 시장에서도 예외는 없습니다. 집값을 잡겠다고 대출 총량제를 도입해 실수요자를 투기꾼으로 치부하고, 담보대출을 못 받게 하는 것은 심각한 시장 개입이라고 할 수 있습니다. 1990년대 초 일본은 버블 경제 당시 대출을 줄이기 위해 다양한 정책을 펼쳤지만, 도리어 집값이 붕괴되면서 장기 불황의 늪에 빠지게 됐습니다. 정부가 시장에 개입한 결과는 처참했지요.

요즘 논란이 되고 있는 정부의 PF 대책도 마찬가지입니다. 금융위원회는 2024년 5월, '질서 있는 연착륙'이라는 미명하에 쓰러져가는 PF 사업장에 5조 원을 지원한다고 발표했습니다. 대기업을 살리지 않으면 연쇄 부도가 일어나 건설 경기 전반에 악영향을 미치는 것은 맞지만, 퇴출되어야 하는 부실기업을 세금으로 메워주니 비도덕적인 기업이 증가하고, 사회 전반적인 불신이 생기는 것이 아닐까요?

선진 금융 국가라고 평가받는 미국은 소비자물가지수(CPI)와 실업률 오직 2개의 지표만 활용해 시장에 정부 개입을 최소화합니다. 하지만 한국은 인플레율과 실업률은 물론이고 환율, 통화량(M2), 대출 총량과 같은 국내외 경제 상황과 금융 시장의 동향을 종합적으로 판단해 시장에 적극 개입합니다.

금리가 오르고 경기가 나빠지면 자산 가격은 하락하고, 그 반대는 상승합니다. 모든 사회 현상은 등락이 있고 인위적으로 조작하면 역효과가 생기기 마련입니다. 물론 부동산 시장의 과열은 막아야 합니다만, 우리는 과거 정부에서 본 것처럼 정부의 적극 개입은 오히려 독이 된다는 것을 알고 있지 않습니까? 정부의 시장 개입을 최소화하고, 시장의 자정 작용을 신뢰하는 것이 오히려 부동산 시장을 살리는 길이라고 생각합니다.

한국에서 부동산 업계의 인식은 암울을 넘어 처참합니다. 앞에서 이야기한 기획 부동산 회사나 '빌라왕 사태*' 같은 전세 사기는 사건이 공론화되고 피해가 명확해서 정부가 개입해 관련자들이 법적인 처벌을 받았지만, 그렇지 않은 경우는 셀 수 없이 많습니다. 사기를 당해도 법적으로 처벌할 수도 없고 공권력도 개입하지 않아 억울한 피해자가 생기니, 대한민국이 사기 공화국이라는 말이 오명은 아닐 것입니다.

최근 부동산 사기의 '종합 선물 세트' 같은 사건이 발생했습니다. 바로, 경기도 시흥시의 시화MTV 거북섬 사태입니다. 이 개발 사업은 한국수자원공사가 추진하는 수천억 원의 예산이 들어간 프로젝트입니다. 하지만 자본금 6억 원에 매출이 고작 1억 원 안팎인 회사에 프로젝트를 단독으로 맡기며 상식 밖의 행보를 보였습니다. 더 큰 문제는 분양 사기로 번졌다는 것입니다.

조감도와 분양 대행사의 '입점 확정'이라는 거짓말에 홀려 투자한 초기 투자자들이 준공 후에 분양받은 수분양자보다 높은 가격으로 계약해 피해 금액이 더 큰 상황입니다. 스타벅스와 같은 유명 프랜차이즈가 입점한다는 말만 믿고 서울도 아닌 경기도 시흥에 평당 5,000만 원이 넘는 금액에 상가를 분양받았지만, 스타벅스는커녕 공실률이 90%에 육박하는 상황입니다.

---

* 전세 보증금이 주택의 실제 가치를 초과한 일명 '깡통주택'을 수천 채 단위로 보유한 악질 임대인(빌라왕)이 수백 세대 세입자들의 전세 보증금을 돌려주지 못해 일어난 사건. 대한민국 부동산 시장과 전세 제도가 갖고 있던 문제점이 여실히 드러나게 되었다.

건물의 부실 시공과 이를 제대로 관리 감독하지 못한 부실 감리도 피해를 가중시켰습니다. 건물을 준공 승인 받는 과정에서 현장 실측한 수치가 건축법상 허용 오차 범위를 한참 벗어나 설계 도면상 층고보다 낮다는 사실이 적발됐고, 건물 1층 바닥이 외부 인도보다 낮아 비가 새는 어처구니없는 상황도 발생했습니다.

설상가상으로 이 거북섬 공실 사태를 해결하고 상권을 살리겠다고 시흥시는 1,000억 원대 지방채를 발행하면서까지 예산을 쏟아붓고 있습니다. 특정 지역을 위해 예산을 편중시키는 것은 형평성에도 문제가 있지만, 그렇게 세금을 써도 상권이 전혀 살아나지 않아 실효성 측면에서 의문이 생깁니다. 결국 국가가 나서서 부실 시공사와 부정한 감리 업체만 배불리는 꼴이 되는 것입니다.

이러한 문제를 해결하기 위해서는 보다 철저한 관리 감독과 함께, 부정한 행위를 저지른 시공사와 감리 업체에 대한 강력한 제재가 필요합니다. 또한, 투자자 및 수분양자들의 피해를 최소화하기 위한 제도적 보완책도 마련되어야 할 것입니다.

일본의 잃어버린 10년과 한국의 잃어버릴 10년

한국과 일본이 구조적으로 유사성을 가진다는 이야기는 많이 들어보셨을 것이라 생각합니다. 플라자 합의 이후 일본 경제의 버블이 붕괴되면서 1990년대부터 최근까지 일본은 장기 불황을 겪었습니다. 한국도 최근 코로나19에 생긴 자산 버블이 금리 인상과 함께 터지면서 일본과 같은 길을 걷게 될 것이라는 비관론이 고개를 들고 있습니다.

하지만 애초에 한국과 일본은 상황 자체가 달라 비교 대상이 되지 않습니다. 일본의 엔화는 기축 통화인 미국의 달러에 버금가는 영향력을 가진 페이퍼 골드(Paper Gold)*입니다. 버블 경제 당시에는 시가 총액 기준 세계 50대 기업 중 33개가 일본 기업일 정도였고, 버블이 붕괴한 지금도 세계 4위의 경제 대국입니다. 여전히 경제력이 높은 이유를 고도화된 제조업보다도 금융 서비스업에서 찾을 수 있습니다.

1980년대 일본의 버블이 극에 달했을 때, 일본의 은행들은 저금리를 통해 막대한 투자를 하면서 '메가뱅크(Mega Bank)'를 탄생시켰습니다. 메가뱅크는 단순히 규모가 큰 은행이 아니라 합병을 통한 효율화는 물론, 국제화를 통해 경쟁력을 갖춘 은행을 뜻하는데, 금융 위기에 효과적으로 대처할 수 있고 거대 자본을 바탕으로 다양한 투자를 할 수 있습니다. 일본은 메가뱅크와 함께 금융업을 발전시켰고, 그 결과 미국과 중국에 이은 3위의 금융 강국이 됐습니다.

한국도 2008년 MB 정부 때부터 '한국형 메가뱅크'를 만들려는 움직임이 있었지만, 반발 여론과 함께 금융위원회의 반대로 번번이 무산되었습니다. 정부의 시대착오적인 판단으로 금융업의 세계화가 늦어지고 있는 것입니다. 한국이 우왕좌왕하는 사이에 일본의 도쿄증권거래소는 아시아 최고의 거래소가 됐고, 한국의 국민연금공단 규모의 2배 이상인 GPIF(일본 공적연금)를 갖추게 됐습니다. 심지어 벤처 투자 불모지인 한국

---

* 국제통화기금(IMF)에서 발급하는 유가증권인 특별인출권을 뜻하는 말로, IMF 회원국의 국제수지가 악화됐을 때 담보 없이 필요한 만큼의 외화를 인출해 갈 수 있는 권리를 가진 화폐를 뜻함.

과는 달리 일본의 소프트뱅크는 벤처 캐피탈의 큰손으로 자리매김했습니다.

일본에 비해 한국이 인재가 부족하거나 세계적 기업이 없는 것이 아닙니다. 문제는 인재와 기업을 뒷받침해주는 정책이 너무나도 제한적이라는 것입니다. 한국의 후진적인 금융 정책은 삼성과 현대 같은 세계적인 대기업과 국민들이 이루어 놓은 성과를 물거품으로 만들 가능성이 농후합니다. 한국의 '잃어버릴 10년'을 만드는 것은 결국 대한민국 스스로가 만든 정책들입니다.

이민 정책의 핵심은 금융 및 경제 혁신

한동훈 법무부 장관 시절에 추진하려고 계획했던 출입국·이민관리청(이하 이민청) 설립안이 국회에 제출되면서 본격적으로 가시화됐습니다. 이민청 신설은 민주당도 과거 총선 공약으로 내놓았던 만큼 통과될 가능성이 높습니다. 이민청을 만들려는 목적은 불법 체류자 단속이 아니라 인구 감소에 따른 외국인 유치의 성격에 가깝습니다. 한동훈 전 장관은 "(이민청을 통해) 외국인 유입을 통제하고 관리하되, 국익을 위해 필요한 외국인을 유치하고…"라고 말하며, '국익에 필요한' 외국인을 선별해서 수입해 오려는 목적을 분명하게 밝혔습니다.

여러 표현들을 비추어 봤을 때, 정부 여당이 생각하는 이민청의 모델은 싱가포르식 이민청이라고 추론됩니다. 1인당 GDP 세계 5위의 싱가포르도 한국과 같은 저출산 문제를 겪었고, 이민 정책으로 해결했습니다. 하지만 한국과 싱가포르가 추구하는 이민관은 너무나도 다릅니다. 한국은 제조업 기반의 블루칼라 노동자들이 중심인 반면에 싱가포르는 금융업 기반의 화이트칼라 노동자들이 중심입니다. 그 이유는 한국이 기업에 대한 규제가 많고, 소득세율과 법인세율이 높아 이민자 입장에서 구미가 당기지 않기 때문입니다. 다시 말해 금융 투자적으로 한국을 찾을 메리트가 없습니다.

자료 6-13. 한국과 싱가포르의 주요 세금 비교 (단위 : %)

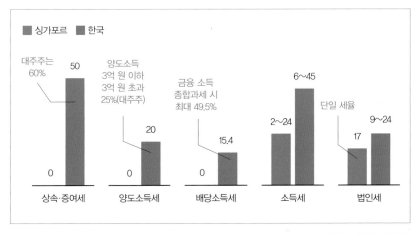

출처 : <한국경제신문>

미국과 홍콩, 독일, 싱가포르와 같은 금융 허브 국가들은 네거티브 규제(negative regulation), 즉 '안 되는 것'을 정부가 규정해놓음으로써 창의적인 금융 혁신을 가능하게 했습니다. 하지만 한국은 강력한 포지티프 규제(positive regulation)로 '되는 것'만 정부가 규정해놓음으로써 창의적인 금융 혁신을 불가능하게 만듭니다. 또한 테마섹(Temasek)이나 사우디 국부 펀드와 같은 국가 주도 투자청이 해외 기업 위주로 포트폴리오를 만들어 투자하는 것과는 반대로 1,000조 원의 자금을 운용하는 국민연금공단은 54%만 해외에 투자합니다. 이러니 수익성이 낮을 뿐 아니라 국제 금융 사회에서 한국의 존재감이 약해지는 것이지요. 이와 함께 국민의 세금은 국내에만 써야 한다는 이상한 국민 정서도 금융 시장의 글로벌화에 저해가 되고 있습니다. 이런 복합적인 문제가 대한민국을 갈라파고스화시키는 것입니다.

부동산을 넘어
한국을 살리는 방법

 그렇다면 한국을 살리기 위해서는 어떻게 해야 할까요? 먼저 정부와 국민 모두 소멸로 향하는 국가 위기 상황을 명확하게 인식해야 합니다. 더 이상 방관할 수는 없는 문제입니다. 계속 외면한다면 이제는 되돌릴 수 없을지도 모릅니다.

 우리는 지방의 소멸을 받아들여야 합니다. 출산율 저하는 한국만의 문제가 아닌 전 세계 공통 문제입니다. 지방 소멸 역시 한국만 겪고 있는 문제가 아닙니다. 모든 지방은 살릴 수 없고, 살린다고 하더라도 의료와 행정과 같은 필수적인 서비스의 불균형만 심해질 것입니다. 필수 서비스는 도시 인구의 수와 상관없이 꼭 일정 수준을 유지해야 합니다. 예컨대, 1만 명의 인구를 가진 도시와 30만 명의 인구를 가진 도시에 필요한 의료 및 행정 서비스는 동일합니다. 하지만 인력 부족은 물론 적은 세금으로 운영되는 지방의 서비스 질은 필연적으로 하락할 것이고, 지역 간 서비스 격차가 발생할 것입니다. 지방의 필수 의료 붕괴가 그 예입니다. 선택과 집중을 통해서 살릴 수 있는 곳을 과감히 선별해 가능성이 있는 지역을 살려야 합니다.

다음은 금융 및 경제 혁신입니다. 전 세계는 제조업을 넘어서 바이오와 반도체, 인공지능(AI) 산업으로 넘어가고 있는 추세입니다. 미국은 자국 내 첨단 산업을 육성하는 기업에 200억 달러 이상의 지원 공세를 하고 있습니다. 그만큼 미래 산업 육성이 안보에 큰 영향을 미친다는 것입니다. 이와 반대로 한국은 여전히 기업 지원에 인색합니다. 물론 과거 국내 대기업들의 방만한 경영과 부도덕적인 실태도 문제지만, 과거에 발목 잡혀서 미래를 놓치는 바보 같은 일을 해서는 안 됩니다. 채찍과 함께 당근도 줘야지 성장하고 발전하는 것입니다. 우리나라도 미래 먹거리 산업 육성에 지원을 아끼지 않고 혜택을 줘서 '기업 하기 좋은 나라'가 되어야 합니다. 그렇게 된다면 국내 기업 성장은 물론이고, 해외 유수 기업들의 유치도 가능하리라 봅니다.

마지막으로 금융 투자에 대한 국민들의 인식 변화입니다. 한국 가계 자산 대부분이 부동산에 편재되어 있다는 사실은 통계로서 이미 증명됐습니다. 이는 부동산만 선호하는 것이 아니라, 부동산 이외의 투자 자산에 대해서는 잘 모른다는 것과 일맥상통합니다. 투자 자산에는 주식과 부동산, 가상화폐만 있는 것이 아닙니다. 채권과 펀드, 금, 원유 심지어 미술품이나 와인도 해당합니다. 국민들의 금융 투자에 대한 지식기반이 약하기 때문에 가진 현금과 은행 빚을 '몰빵'해서 부동산을 사는 젊은 세대가 많아지는 것입니다. 국민에게 금융과 투자에 대한 올바른 교육을 제공하고, 부자가 되는 방향을 제시해야 합니다. 이는 결과적으로 출산율을 반등시키고, 인구 소멸을 막는 열쇠가 될 것이라고 믿습니다.

위기 속 기회를 만드는
부동산 투자의 기술

제1판 1쇄 2024년 9월 10일

지은이 윤재혁

펴낸이 허연 **펴낸곳** 매경출판㈜

기획제작 ㈜두드림미디어

책임편집 손아름, 배성분 **디자인** 얼앤똘비악earl_tolbiac@naver.com

마케팅 김성현, 한동우, 구민지

매경출판㈜

등록 2003년 4월 24일(No. 2-3759)

주소 (04557) 서울시 중구 충무로 2(필동1가) 매일경제 별관 2층 매경출판㈜

홈페이지 www.mkbook.co.kr

전화 02)333-3577

이메일 dodreamedia@naver.com(원고 투고 및 출판 관련 문의)

인쇄·제본 ㈜M-print 031)8071-0961

ISBN 979-11-6484-706-8(03320)